Die deutsche Hausindustrie.

Dritter Band.

Schriften
des
Vereins für Socialpolitik.

XLI.

Die deutsche Hausindustrie.

Dritter Band.

Leipzig,
Verlag von Duncker & Humblot.
1889.

Berichte

aus der

Hausindustrie

im

südwestlichen Deutschland.

Von

Graf von Armansperg, Dr. Neuburg, Muth, Hubbuch,
Schott, Möser und Schloßmacher.

Leipzig,
Verlag von Duncker & Humblot.
1889.

Inhaltsverzeichnis.

I.

Das Berchtesgadner Holzhandwerk als Hausindustrie.

Nach Koch-Sternfelds Geschichte des Fürstentums Berchtesgaden
und amtlichen Quellen bearbeitet
von
Max Graf **von Armansperg**,
K. B. Bezirksamtmann.

Das „Holzhandwerk" nimmt in der Entwicklung der landwirtschaftlichen Verhältnisse des Berchtesgadner Landes eine so bedeutende Stelle ein, daß wir, um dieselbe voll würdigen zu können, vor allem auf die geschichtliche Entwicklung dieses Ländchens einen Rückblick werfen müssen. Die südöstliche Spitze des Deutschen Reiches, welche sich südwestlich von Salzburg keilförmig in das Herzogtum Salzburg einschiebt und von allen Seiten von hohen Gebirgszügen eingeschlossen wird, durch welche im Nordosten die Aachen (Albe) ihr Bett durchgebrochen hat, um sich bei dem heutigen Niederalm oberhalb Salzburg in die Salzach zu ergießen, bildet das alte Berchtesgadner Land, das zu Beginn des 12. Jahrhunderts noch unbewohnt war und als Jagd- und Weideboden zu einem Gute des Hallgrafen von der Lintburg in dem heutigen St. Leonhard gehörte. Die genannte Aachen (Albe, Berchtesgadner Aachen) bildet sich aus drei Bächen: der von Süden her aus dem Königssee kommenden Königsseeer Aachen, der aus dem Westen vom Hintersee zufließenden Hinterseeer- oder Ramsaueraachen und der von Norden herabströmenden Bischofswieser Aachen, die in tief eingeschnittenen Schluchten fließen und bei ihrer Vereinigung einen kleinen Kessel bilden. Am Nordende dieses Kessels, dem letzten Abfalle des Untersberges, gründeten zwei Witwen aus dem Grafengeschlechte von Sulzbach im Jahre 1111 ein Augustinerstift, dem sie den ganzen Wald schenkten und in das sie Mönche aus dem Ammergau beriefen, welche den Wald rodeten und mit Kolonisten aus dem Ammergau besiedelten.

So entstanden auf den Vorbergen, die aus den genannten vier Thälern sich erheben, bäuerliche Niederlassungen als Oasen im Walde. Immer höher hinauf, zuletzt bis gegen 1000 m über der Meeresfläche, 400 bis 500 m über der Thalsohle erblühten die Kulturstätten, im Walde zerstreut. Nur zwei geschlossene Orte bildeten sich im Laufe der Zeiten um das Augustinerstift, der Markt Berchtesgaden, und an der Grenze, am nordöstlichen Ende des Waldes, an der Berchtesgadner Aache um die von den Mönchen errichtete Salzsudstätte, der Markt Schellenberg. Alle übrigen häuslichen Anwesen liegen zerstreut auf den Bergen herum. Grund und Boden gaben die Mönche den Ansiedlern zu Lehen, anfänglich auf Freistift (von Jahr zu Jahr), vom Jahre 1377 an auf Erbrecht. Aus dem Klösterlein wurde allmählich eine reichsunmittelbare gefürstete Propstei, welche außerhalb des geschlossenen Bezirkes reiches Eigentum erwarb. Die zerstreuten ländlichen Anwesen vereinigten sich aber zur Besorgung gemeinsamer Interessen in Verbände (Genossenschaften — Gnotschaften) unter einem gemeinsamen Vorsteher — Gnotschäftler — ursprünglich deren 8, welche nachmals unter bayerischer Regierung „Gemeinden" wurden. Der Getreidebau ist in diesem Hochgebirgslande wenig rentierlich. Die Sommerfrucht kommt nicht zur Reife; will ja selbst der Haber in den höchsten Lagen in ungünstigen Jahren kaum vollkommen zeitigen; selbst das größte Anwesen kann daher in den langen Wintern keine genügende Beschäftigung gewähren.

So wurde denn als häusliche Beschäftigung die aus der alten Heimat, dem Ammergau, herübergebrachte Kunst, verschiedenen Hausrat und Spielwerk zu schnitzen, fleißig geübt und bildete neben der Arbeit in der Saline[1] und der dadurch bedingten Arbeit im Forste einen Haupterwerbszweig der Bevölkerung.

Diese Holzindustrie nahm einen solchen Umfang an, daß sie in verhältnismäßig kurzer Zeit den Landmann von den Erträgnissen des Bodens unabhängig machte; denn in dem Landbriefe vom Jahre 1377 wurde bereits die Teilung der Anwesen (Lehen) gestattet. „Wär aber, daß die Lehen getheilt würden und daß nicht auf jeglichem Theil einer wesentlich säße, wer den darauf wesentlich sitzt, an den oder an die haben wir unsern

[1] Im Jahre 1156 erhielten die Mönche das Bergwerksregale und eröffneten bald darauf am Tuval, einem Vorberge des hohen Göhl, zwischen Hallein und Schellenberg, einen Bergbau. Die hier gewonnene Sole wurde in der Pfannstätte zu Schellenberg versotten. Im Jahre 1175 wurde auch ein Bergbau am Goldenbache bei Berchtesgaden eröffnet und die Sole gleichfalls nach Schellenberg geleitet. Mitte des 16. Jahrhunderts wurde eine zweite Pfanne bei Berchtesgaden errichtet.

ganzen Dienst zu fordern." Unter dem wesentlich auf einem Gute Sitzenden glauben wir nämlich jenen Landmann bezeichnet, der zunächst von dem Erträgnisse seines Gutes lebt und welchem derjenige gegenübersteht, der außerdem seine Nahrung durch eine Arbeit suchen muß, und dieser wird der Holzhandwerker zunächst gewesen sein.

Sie warf sich offenbar aber auch auf Zweige, zu denen der Berchtesgadner Wald das erforderliche Rohmaterial nicht lieferte, so daß dasselbe von auswärts eingeführt werden mußte. Dieses zeigt uns der sogenannte Fuchsbrief vom Jahre 1506. Die Bevölkerung Berchtesgadens war nämlich gegen das Stift beim Kaiser über die Ausführung des Landbriefes vom Jahre 1377 klagend geworden und fühlte sich namentlich auch wegen der Auflage von Steuern beschwert. Der kaiserliche Statthalter Ritter Degenhart Fuchs von Kufstein war mit Untersuchung und Bescheidung des Streites beauftragt und sprach unter anderem aus:

„Item der Handwerksleute halber so im Land und außer Lands sind und Holz kaufen, weßhalb sie dann mit der Herrschaft um Mauth und Zoll abkommen sollen, wurde beschlossen: Was Einer auf seinem Rücken und unter dem Arme trägt, soll von Zoll und Mauth frei sein; was aber auf Roßen Wagen, oder wie solches gefahren werden möchte, soll Zoll und Mauth geben, wie es von alter Zeit herkommen ist."

Eine solche Einfuhr erfolgte in späteren Jahren namentlich zur Herstellung der großen Reiseschachteln, welche jetzt durch die Reisekörbe verdrängt sind und zu denen die im Lande wachsenden Bäume das erforderliche Material nicht zu liefern vermochten. Der Absatz der Waren wurde teils im Wege des Hausierhandels teils — und zwar vorzugsweise — durch „Verleger" vermittelt. Diese Verleger waren und sind Großhändler, an welche die Arbeiter ihre Waren gegen Barzahlung abliefern und die wiederum ihre Niederlagen an den großen Handelsplätzen in Nürnberg, Passau, Wien, Linz, Venedig, Cadix, Antwerpen, an den Küsten des Mittelmeeres, in Spanien ꝛc. hatten und so dieselben über das Meer in die Türkei und in den Orient absetzten. Diese Niederlagen finden wir schon im 16. Jahrhunderte. In diesem scheint überhaupt das Holzhandwerk in große Blüte gekommen zu sein und es erfolgte nun eine förmliche zunftmäßige Organisation desselben.

Im Jahre 1535 gab Propst Wolfgang I den Holzhandwerkern, als Drechslern, Löffel- und Spindelmachern, die sich unter dem Schutze des heiligen Sebastian zu einer Zunft vereinigt hatten, unter Berufung auf das alte Herkommen die erste Handwerksordnung und schloß Nichtberchtesgadner von diesem Handwerke völlig aus.

Diese Zunftordnung setzte im wesentlichen fest:

1. Jeder Unterthan kann mit Bewilligung des Propstes und der Zunftmeister Lehrling werden.
2. Die Lehrzeit, an deren Schluß ein Meisterstück gemacht werden muß, dauert 2 Jahre.
3. Die Ware darf auch außer Landes verhausiert werden.
4. Wer in der Fremde seine Kunst lehrt, verliert zu Hause seine Gerechtigkeit (Handwerksbetriebsrecht).
5. Die Ware wird von den Zunftmeistern auf ihre Güte geprüft, wer eine Ware ausbietet, die nicht gewährlich (gut) ist, erleidet Strafe.
6. Die Meister haben auf ihre Arbeit ihre Marke zu setzen und sie gegen die herkömmliche Eingab (Preis) dem Verleger anzubieten.
7. Den Verlegern ist verboten, die ihnen zugebrachte Ware mit Naturalien oder Arbeitsmaterial zu bezahlen.
8. Die Arbeit, die einer aus dem Lande trägt, ist mauthfrei, was darüber ausgeführt wird, muß verzollt werden.
9. Die von alters her übliche Freiheit der Holzarbeiter, die benötigten Ahornbäume in den fürstlichen Wäldern fällen zu dürfen, und das Recht der Binder (Schaffelmacher), jenes Holz sich anzueignen, das in gewöhnlicher Weise nicht bringbar ist, wird verbrieft.

Dieser Handwerksordnung folgte 1581 eine weitere für die Pfeifenmacher.

Die Lehrlinge mußten ehrlicher Leute Kind sein und hatten dreijährige Lehrzeit. Dem Meister waren nur 2 Lehrlinge gestattet; ein Meisterstück mußte gefertigt werden. Meisterswitwen wurden 1 oder 2 Gesellen genehmigt. Im übrigen ist dieser Artikelbrief dem früheren nachgebildet.

Die Verleger wurden ebenfalls zünftig. Der Schutz, welcher auf diese Weise dem Holzhandwerke gewährt wurde, die Ebenbürtigkeit mit den übrigen Gewerben, welche ihm durch die Einräumung der Zunftmäßigkeit gewährleistet wurde, trieb offenbar noch größere Scharen unter dasselbe. Es traten neue Unterabteilungen von Holzhandwerken auf, und so entstanden neue Handwerkerordnungen, Mandate. Dieser Gewerbsbetrieb hatte aber schon Ende des 16. Jahrhunderts eine derartige Ausdehnung gewonnen, daß er dem Nationalwohlstande des Ländchens gefährlich zu werden drohte, und mußte am 3. März 1598 eine neue Handwerksordnung erlassen werden, um dem Zudrange einen Damm entgegenzusetzen.

Im Jahre 1604 wurde Beschwerde geführt über die verderblichen Übergriffe der Handwerker, zu denen sich schon die kleinsten Buben gesellten und der Forstwirtschaft Abbruch bereiteten. Die Pröpste hatten inzwischen, wie erwähnt, die zweite Pfannstätte bei Berchtesgaden errichtet, welche bedeutendes Feuerungsmaterial erforderte und ihrerseits die Forste sehr in Anspruch nahm. Dem Berichte einer im Jahre 1615 nach Berchtesgaden abgesandten Visitationskommission entnehmen wir, daß die Verleger damals ein drückendes Monopol ausübten und als Großhändler dem Luxus im Volke Vorschub leisteten.

Im Jahre 1629 wurde eine Holzwerks- und Gadel- (Schachtel)macher-ordnung, dann 1637 und 1655 Schnitzerordnungen erlassen. Dreijährige Lehrzeit war vorgeschrieben. Der Meister durfte 2 Gesellen halten; 14tägige Kündigungsfrist war festgesetzt. Wenn ein Meister eine neue Form im Schnitzen macht und aufbringt, so darf ihm diese ein anderer nicht nach-machen. Schamloses (beschambares) Schnitzwerk ist bei Strafe verboten.

Ein Mandat vom Jahre 1659 ordnet an, daß, um der verderblichen Übersetzung des Holzhandwerkes entgegenzutreten, kein Handwerker, der nicht entweder Grundbesitzer ist oder eine Meisterswitwe heiratet, Meister werden kann; daß allen Selbsterern, d. h. ledigen Burschen, welche, ohne Meister zu sein, das Gewerbe selbständig betreiben, das Handwerk gelegt werden soll.

Im Jahre 1669 erhielten die Drechsler eine eigene Zunftordnung. Hier wird das erste Mal ausdrücklich verboten, daß auch die Meistertöchter im Handwerk unterrichtet werden dürfen, wie dieses bisher vielfach geschah, doch dürfen sie zum Bemalen verwendet werden.

„Es werden ferner alle Stimpfler (Stümper), die des Handwerkes nicht sind oder solches nicht ordentlich oder redlich erlernt haben (außer denjenigen, welche aus gewissen Ursachen mit gnädiger Verwilligung fürstlicher Herrschaft — die unehelichen oder ledigen Kinder darunter nicht verstanden — dermalen zugelassen), abgeschafft."

Ebenso wird der Handwerksbetrieb unverheirateten Knechten, welche ohne Meister für sich selbst arbeiten, verboten; es wäre denn, daß die Väter noch leben und der Hülfe ihrer Kinder bedürfen. Was die Arbeit betrifft, so kann jeder drehen, wessen er kundig ist oder erlernen will, „allein es soll keiner die Größe, Form und Manier eigenen Vorteils halber überschreiten, sondern allerdings bei dem Alten verbleiben, auch den Verlegern für einen Gulden nicht mehr als den andern geben, noch sich mit ungewöhlicher Eingab verlauten lassen".

Derjenige Geselle oder Lehrjung, der sich dahin vergeht, daß er ein uneheliches Kind erzeugt, der soll die Zeit zum Lernen von neuem anfangen und die vorige Zeit nicht gerechnet werden. Alle 3 Jahre haben die Zunft-vorsteher zu wechseln.

Im Jahre 1677 ließ Fürstpropst Maximilian Heinrich Herzog von Bayern, um die Arbeiter gegen die Verleger zu schützen, eine gemeinsame Niederlage für Holzwaren errichten (Compagnie), die aber, wie Koch-Sternfeld in seiner Geschichte des Fürstentums Berchtesgaden sagt, wegen Eigennutzes und Parteigeistes sich bald wieder auflösen mußte.

Wir kennen zwar nur den Bericht, welchen die zur Untersuchung der Compagnie abgesandte Visitation erstattete, wissen aber, daß die Klagen gegen die Verleger noch immer fortdauern und möchten dem Ausspruche Koch-Sternfelds nicht unbedingt zustimmen.

Soviel wir zwischen den Zeilen des Berichtes herauslesen können, war eine Verkaufsstelle gegründet worden, in welche der Arbeiter seine Waren abliefern sollte. Dort wurde denselben der Preis gemacht; nur von dort sollten durch die Händler, d. i. Verleger, die Waren bezogen werden.

Dadurch wollte man bewirken, daß die Arbeiter der willkürlichen Festsetzung der Preise durch die Verleger entzogen würden. Man übersah aber hierbei, daß dieselben von ihrer Arbeit leben müssen, daß sie mit der Bezahlung der Waren nicht warten können, bis sie wirklich in Handel kommt und bezahlt wird, daß sie vielmehr für die gefertigte Ware sofort Bargeld bedürfen, daß auch beim Verleger die Differenz zwischen Ankauf und Verkauf nicht reiner Gewinn ist, sondern neben dem Wagnis des Unternehmens auch noch die Zinsen des zwischen Ankauf und Verkauf brachliegenden Kapitales, die Kosten für die Vorratslokalitäten, die beim Handel Beschäftigten rc. berechnet werden müssen, und daß Angebot und Absatz der Waren den Kaufpreis bedingt.

Der „Compagnie" scheint es an dem nötigen Kapital gefehlt zu haben, um die Arbeiter sofort bezahlen und mit dem Verkaufe der Artikel zuwarten zu können. Die geldbedürftigen Arbeiter kamen entweder wieder an die Verleger, welche gegen landesfürstliches Verbot mit den Arbeitern über die Entlohnung in Unterhandlung traten, oder sie begaben sich, wenn auch nur mit einem Teile ihrer Produkte, auf verbotenen Hausierhandel in das Ausland und verkauften dort ihre Produkte um geringeren als in dem gemeinsamen Kaufhause festgesetzten, vielleicht auch von den Verlegern angebotenen Preis und erschwerten so in gleicher Weise den Verkauf im gemeinsamen Kaufhause, wie sie auch das Geschäft der Verleger drückten.

So war es wohl kein Wunder, daß dieses Compagniegeschäft nach allen Seiten mißliebig wurde und keine Lebensfähigkeit erhalten konnte. Zur Übersetzung des Holzhandwerks im Berchtesgadner Lande selbst kam noch die Konkurrenz, welche das Ausland zu bieten anfing.

Im Grödener Thale in Tirol begann um das Jahr 1700 ebenfalls eine Holzindustrie in Aufschwung zu kommen.

Beschäftigte man sich in Berchtesgaden zunächst mit der Fabrikation von Haushaltungsgegenständen (Schäffeln, Schachteln, Spinnrädern, sogenannten Lageln, einfachen Holzinstrumenten — Pfeifen —, Spielwaren ꝛc.), so schnitzte man dort zunächst Rahmen und ging schon im Jahre 1740 zum Figürlichen über, ein Unternehmen, das der Berchtesgadner Spielwarenfabrikation alsbald großen Abbruch that. Da der Zudrang zum Handwerke auf Kosten der Landwirtschaft noch immer zu stark und durch das unmäßige Angebot der Wert der Ware herabgedrückt war, fand am 26. Mai 1714 eine Erneuerung der Zunftordnungen für Holz- und Beinarbeiter statt.

Damals unterschied man Drechsler, Gadl- (Schachtel)macher, Schäffler, Lagl-[1], Amper-[2], Trüchel-[3], Fläschl- und Löffelmacher, dann Beinschnitzer, Beindreher, Tockhen- (Puppen)macher. Das „Handwerk", und das ist bezeichnend für die Bedeutung der Hausindustrie, wurde in mehrere Laden oder Zünfte und zwar gnotschaftsweise — nach Gemeinden — eingeteilt.

Ein jeder Arbeiter sollte bei der Warengattung verbleiben, worauf er Meister geworden war. Keine Weiber, keine Dienstboten wurden mehr zum Handwerk zugelassen, keinem Vater waren mehr als 2 Söhne zum Handwerk gestattet. Lehrjungen durften nicht unter dem 16. Lebensjahre, Meistersöhne nur mit Bewilligung der Regierung unter dem 12. Lebensjahre aufgenommen werden.

Eine Witwe durfte keinen Lehrjungen halten. Die Lehrzeit dauerte 4 Jahre. Statt der Wanderjahre — Wandern war verboten, daher „ungewanderte Gewerbe" — wurden Gesellenjahre eingeführt. Unehelich Geborene bedurften besonderer Gnadenbriefe des Fürsten, um zum Handwerk zugelassen zu werden. Ausländer blieben solange von demselben ausgeschlossen, bis an Inländern ein Mangel einträte. Jedem Meister gebührten nur 2 Gesellen oder 1 Geselle und 1 Lehrjunge.

Armen nicht zunftmäßigen Eltern wurde ein gelernter Sohn zur Unterstützung gestattet.

Die Selbsterer, d. h. ledige Bursche, welche außerhalb der Familie in selbständigem Haushalte leben und arbeiten wollen, wurden abgeschafft.

Um der Holzverwüstung Abbruch zu thun, war schon im Jahre 1637 bestimmt worden, daß die Handwerker das Holz zwar um niedere Preise,

---

[1] Lagel sind längliche Gebinde, wie sie die Fischer zum Transport der Fische bedürfen. — [2] Amper sind Kücheneimer, Bier- und Weinpietschen. — [3] Die Trüchelmacher verfertigten Spielwaren.

nämlich einen Lärchenstamm um 6 Kr. und einen Fichtenstamm um 3 Kr. erhalten sollten, das ihnen aber dasselbe besonders angewiesen werden solle.

Im Jahre 1797, als das Holz für die Saline nicht mehr nachhaltig vorhanden zu sein schien, wurde, um den maßlosen Ansprüchen des Holzhandwerks an den Forst Einhalt zu thun, angeordnet, daß besonders holzverschwendenden Arbeitern der Betrieb eingestellt werden sollte.

Um auswärtige Konkurrenz zu beseitigen, war, wie bereits erwähnt, den Holzarbeitern das Wandern verboten und ebenso die Auswanderung; andererseits wurden aber im Jahre 1732 die Protestanten zur Auswanderung genötigt; die unter denselben befindlichen Holzarbeiter mußten jedoch schwören, sich in Nürnberg nicht niederzulassen.

Daselbst scheint um diese Zeit die Spielwarenmanufaktur bereits in Blüte gestanden zu sein, denn unter den Artikeln, welche von den Berchtesgadner Schnitzern gefertigt wurden, finden sich im Verzeichnisse vom Jahre 1655 bereits Nürnberger Tockhen (Puppen).

Der erste Auswandererzug, welcher 84 Köpfe stark aus der Bischofswiese am 18. April 1733 sein Heimatland verließ, hielt auch Wort und begab sich über Berlin nach Ostpreußen. Der zweite Zug, etwa 80 Personen aus den übrigen Gnotschaften, langte am 12. Juni 1733 zu Hannover an, von wo aus er sich verteilte. Nicht allen aber sollte es gelingen, daselbst Unterkommen zu finden, und diese letzteren wandten sich nach zwei- bis dreijährigem Herumwandern zuletzt doch mit dem Anerbieten ihrer Arbeiten an Nürnberger Kaufleute, welches sofort angenommen und ihnen in der Nähe des holzreichen Altdorf Wohnstätten angewiesen wurden.

Von der Nürnberger Obrigkeit kräftig unterstützt, ließen sich daselbst 14 Familien mit 59 Köpfen am 11. Juli 1735 nieder, darunter die Familien Guggenbichler, Hasenknopf, Schneider, Pfnür, Planitscher, Ilsunger, Hofreuter, Holz, Renott. Ihre Arbeiten wurden alsbald als Nürnberger Spielwaren in alle Länder verschickt, und so schuf sich das Stift trotz seiner Gewerbsbeschränkungen im eigenen Lande eine mächtige auswärtige Konkurrenz, die um so bedeutender wurde, als dem in das frische Leben hinausgeworfenen Nürnberger Arbeiter die Anregung zur Verfeinerung seiner Produkte gegeben war, während der Berchtesgadner, in sich abgeschlossen, nichts sah und lernte, als was sein Vater und Urahne schon fertigte.

Nahm ihm ja das Wanderverbot die Möglichkeit, fremde Eindrücke in sich aufzunehmen.

Weitere Gefährdung ging von Österreich aus.

Auch zu Traunkirchen am Gmundner See begann eine Holzindustrie sich zu entwickeln.

Zur weiteren Ausbreitung dieser Erwerbsart ließ Kaiserin Maria Theresia in Vöcklabruck eine Holzwarenfabrik errichten und suchte für den Anfang fremde Arbeiter zu gewinnen.

Gleichzeitig verbot sie, um ihren Unterthanen den Gewinn des Berchtesgadner Warenhandels in Österreich und nach Tirol zuzuwenden, im Jahre 1756 die Einführung der Berchtesgadner Holzwaren nach Wien.

Über Wien ging nämlich, wie wir einem Berichte vom 6. August 1770 an den Fürsten Kaunitz entnehmen, damals der Handel mit Berchtesgadner Waren in die österreichischen Erblande, nach Ungarn, Böhmen, Schlesien, Steiermark und durch Kärnthen nach Tirol und Italien.

Die Vöcklabrucker Warenfabrik gedieh jedoch nicht und wurde der Versuch in Wien selbst erneuert. Auch hier wollte sie anfänglich nicht aufblühen, wogegen das Einfuhrverbot das Berchtesgadner Holzhandwerk schwer schädigte.

So kam es, daß im Jahre 1772 vier Berchtesgadner Verleger: Andreas Lechner, Andreas Prenner, Peter Köllerer und Mathias Graßl dieselbe pachtweise unter der Verpflichtung erhielten, daß sie das gesamte vorhandene Warenlager übernehmen und von Gmund[1] jährlich um wenigstens 4000 Fl. Waren beziehen mußten, wogegen ihnen die Vergünstigung zu teil wurde, ihr Lager auch mit Berchtesgadner Waren versehen zu dürfen.

Das teilweise gänzliche Verbot der Berchtesgadner Wareneinfuhr nach Österreich und andrerseits die hohen Zölle führten zu einem ausgedehnten Schmuggel. Die Verleger drückten, um einen Absatz zu gewinnen, unter sich die Preise der Waren zu Schleuderpreisen herab, was sie „Kauderei" hießen.

Dieser Zustand schien unerträglich geworden zu sein und das ganze Geschäft zu verderben.

In dieser Not wurden fünf Verleger, Jakob Kerschbaumer, Johann Georg Kaserer, Anton Wallner, Johann Adam Wallners Relikten und Clemens Krüger im Jahre 1786 beim Fürstpropsten Josef Konrad mit der Bitte um Genehmigung einer „Handelsgesellschaft" vorstellig.

Der Propst ging auf diese Bitte ein, beteiligte sich durch Rückkauf der Johann Adam Wallnerschen Gerechtsame bei derselben und bestimmte, daß er aus dem Reinerträgnisse seines Geschäftsanteils einen Direktor für diese Handelsgesellschaft aufstelle.

Dieselbe sollte nur aus fünf Genossen, der fürstlichen Gerechtsame,

---

[1] Am Traunsee im österreichischen Salzkammergute.

Kerschbaumer, Kaserer, Krüger und Wallner, mit gleichen Einlagen und gleichen Gewinnanteilen bestehen.

Da aber Wallner und Krüger zwei Gerechtsamen hatten, Kaserer den Markt zu Passau, Landshut, Salzburg und Graz, Krüger den Linzer Markt als besonderes Vorrecht hatte und man sich über das Verhältnis der Handelsgesellschaft zu den beiden Berchtesgadner Verlegern in Hallein sowie über die Höhe der Einlage nicht einigen konnte, zerschlug sich das ganze Projekt, das schließlich nur zum Vorteile der Verleger abgeschlossen werden sollte, und blieb das Stift allein mit Wallner associiert, bis es 1796 seine Gerechtsame demselben auf Leibgeding überließ.

Wohl mit dieser Bildung einer Handelsgesellschaft, welche auch die Preise für die in Österreich noch nicht herstellbaren Berchtesgadner Waren feststellen sollte, da jeder Verleger von dieser Gesellschaft kaufen und jeder Handwerksmann seine Waren an sie abliefern sollte, hing es zusammen, daß Österreich die Einfuhr von Berchtesgadner Waren im Jahre 1787 mit Ausnahme von Schachteln, Schäffeln, Tellern und Pippen gänzlich verbot. Dieses Einfuhrverbot wurde auch ausgedehnt auf Drechslerwaren aus Holz, Bein und Horn mit Ausnahme von Klöppeln, Spinnrädern, dann Schachteln ohne Unterschied, welche gegen einen Zoll von 12 Kr. vom Gulden eingeführt werden durften.

Flöten, Pfeifen, Kraxen, Pulverlägel, Rührkübel und Schmierbüchsen waren dem gewöhnlichen Zolltarife unterworfen. Der Transitverkehr blieb jedoch unberührt.

Diese Beschränkungen trafen einschneidend die Besitzer der Wiener Holzfabrik und veranlaßten Vorstellungen, über deren Erfolg wir nichts mehr wissen. Doch war die Fabrik im Jahre 1791 noch in den Händen der Berchtesgadner Verleger.

So kam die Zeit der napoleonischen Kriege, die Säkularisierung des Fürstentums Berchtesgaden (1803) heran, welches mit Salzburg im Jahre 1805 dem Großherzog von Toskana als Ersatz übergeben wurde.

Die neue Regierung hoffte durch eine freiere Bewegung der Hausindustrie neues Leben zuzuführen und hob die Zunftschranken innerhalb derselben Gattung der Holzbranche auf.

Die napoleonischen Kriege, die Kontinentalsperre, das Sinken des österreichischen Geldwertes rc. drückten schwer auf den Handel mit Berchtesgadner Waren; im Laufe der Zeit beeinträchtigte die Ausdehnung der Metallbranche und der Papierwaren, welche den Holzwaren empfindliche Konkurrenz bereiteten, das Holzgewerbe noch mehr, und es sank immer tiefer herab.

Als im Jahre 1810 Berchtesgaden unter die Krone Bayern kam, unterlag das Berchtesgadner Holzhandwerk den Wandelungen der bayerischen Gewerbegesetzgebung.

Das Gesetz vom 8. Mai 1811 über das Beziehen der Jahrmärkte und über Handelsvorweise gestattete den Produzenten den Besuch der Märkte unabhängig von den Verlegern und schmälerte den Unternehmungsgeist derselben. Die Arbeiter schafften in der gewohnten Weise fort, unbekümmert um das Wechseln der Mode und der Bedürfnisse, nicht bedacht auf eine Veredlung der Formen.

Ihre Waren konnten nur mehr wegen der Billigkeit mit den auswärtigen Betrieben konkurrieren. Das bayerische Gewerbegesetz vom Jahre 1825 hob das Zunftwesen auf und setzte an Stelle der Zünfte Gewerbeinnungen.

Die Gewerbe durften nur infolge Konzessionsverleihung oder die freigegebenen Erwerbsarten durch Erwerbung von Licenzen ausgeübt werden. Unter diese freien Erwerbsarten fielen auch die Produkte der Berchtesgadner Holzhandwerker. Gleichwohl führten dieselben ihre alten Zünfte fort und es arbeitete nebenbei eine Reihe neuer Hausindustrieller, ohne um Licenz einzukommen, bis im Jahre 1848 mit der Erteilung von Licenzen an die neuen Gewerbtreibenden begonnen wurde. Die Zunftbücher werden auch heute noch fortgeführt; aus welchem Grunde, werden wir nachfolgend erläutern.

Das bayerische Gesetz vom 30. Januar 1868, das Gewerbswesen betreffend, leitete die Gewerbefreiheit ein.

Mit der Reichsgewerbeordnung vom Jahre 1872 trat nun vom 1. Januar 1873 an volle Gewerbefreiheit auch für Bayern in Kraft.

Als Erbe der stiftischen Einrichtungen im Berchtesgadner Lande verabfolgt das Königlich Bayerische Forstärar begünstigungsweise an jeden Meister des Berchtesgadner Holzhandwerkes jährlich 2 Stämme und dem ältesten seiner Söhne, wenn er das Gewerbe erlernt hat, einen Gesellenstamm, den Stamm zu 10 Kr. = 30 Pf.[1]. Als Meister gelten die als solche wirklich Eingeschriebenen (Licentiierten) und jene, welche sich bereits im mehrjährigen Genusse obigen Holzbezugs befinden oder ihre Abkunft von einem Vorfahren ableiten, welcher erwähnte Begünstigung genossen hatte. Der älteste Sohn wird Meister, wenn der Vater stirbt, doch läßt man unter Verhältnissen auch den jeweiligen Nachfolger in einem Anwesen,

[1] Der Arbeiterstamm hat einen Kubikinhalt von 2,62 kbm Werkholz und der kbm einen durchschnittlichen Wert von 10 Mk. nach der Forsttaxe.

auf dem früher ein anerkannter Meister war, in den Bezug dieses Begünstigungsholzes einrücken. An neu erwachsende Hausindustrielle wird ein Begünstigungsholz nicht abgegeben.

Grundbedingung für den Bezug dieses Berechtigungsholzes ist, daß es zum Handwerksbetriebe verwendet werden muß. Auf Grund alter Privilegien dürfen ferner sämtliche Bergknappen des Königlichen Salzbergwerkes, solange sie der Bergarbeit sich widmen, eines der Holzhandwerke betreiben, wenn sie den Nachweis der Erlernung geliefert haben, und beziehen Begünstigungsholz.

Zum Zwecke der Ausweisung dieses Holzes wird alles zum Handwerke geeignete Material an den Hiebsorten, wo dasselbe bringbar ist, sorgfältig sortiert.

An dem zur Auszeige bestimmten Tage begeht der Forstbeamte mit einigen Handwerksmeistern den Wald, bezeichnet diejenigen Stämme, welche vorzugsweise zur Anfertigung großer Schachteln geeignet befunden werden, und numeriert sie. Diese werden dann unter die Großschachtelmacher nach der Zahl der ihnen gebührenden Stämme verlost. Das übrige zum Handwerke bestimmte Holz wird unter die Berechtigten verteilt.

Sollte ein Stamm nachträglich zum Handwerke sich nicht als geeignet erweisen, was bei der Fabrikation zu Schachteln sich ereignen kann, so kann von der Distriktsverwaltungsbehörde im Benehmen mit der Königlichen Forstbehörde die Veräußerung desselben dem Besitzer gestattet werden.

Haben wir bis hieher zunächst die Entwicklung der rechtlichen Verhältnisse für den Betrieb des Holzhandwerks besprochen, so wollen wir nun auch den Umfang des Gewerbsbetriebs genauer ins Auge fassen.

Die Materialien hiefür sind allerdings sehr mangelhaft und namentlich fehlt ein ziffermäßiger Ausweis für die Gesamtbevölkerung des alten Berchtesgadner Landes, für die Zahl der jeweils vorhandenen Gehöfte und die Größe des zur Landwirtschaft im engeren Sinne benützten Bodens. Unter der stiftschen Regierung war das Ländchen in 2 Märkte, Berchtesgaden und Schellenberg (die beiden Pfannenstätten), und 8 ländliche Gnotschaften abgeteilt, indem die Gnotschaft Schönau die beiden heutigen Gemeinden Schönau und Königssee und der Markt Schellenberg die heutige Gemeinde Landschellenberg als sogenannte Bürgergnotschaften umfaßte.

Der heutige Distrikt Berchtesgaden teilt sich in 2 Markt- und 10 Landgemeinden.

Ein Verzeichnis der Holzhandwerker vom Jahre 1596 enthält:

Gemeinden	Gadel- (Schachtel-) macher. Meister	Ges.	Lehrl.	Drechsler. Meister	Ges.	Lehrl.	Binder. Meister	Ges.	Lehrl.	Bemerkungen.
Berchtesgaden	8	4	17	2	10	14	—	—	3	
Schellenberg, Land- und Burgfrieden	1	1		1	5		—	—		
Au	13	3		2	1		—	6		
Bischofswies	29	9		—	5		2	4		
Ettenberg	2	1		2	—		1	—		
Gern	5	1		6	1		—	2		
Ramsau	21	6		—	3		2	—		
Salzberg	21[1]	11		9[2]	1		—	6		[1] Hierzu 15 Bergknappen.
Scheffau	2	3		5	7		—	—		
Schönau	48	23		59	17		11	2		[2] Hierzu 6 Bergkn.
Summa	150	62	17	86	50	14	16	20	3	21 Bergknappen.

Es waren daher damals 252 und mit Zurechnung der Bergknappen 273 Meister, 132 Gesellen und 34 Lehrlinge beim Holzhandwerk beschäftigt. Die damalige Bevölkerungsziffer, die Zahl der häuslichen Anwesen ist uns völlig unbekannt.

Unter den Drechslern waren offenbar auch die Löffel- und Spindelmacher, welche mit den Holzhandwerkern im allgemeinen im Jahre 1535 die erste Handwerksordnung erhielten, inbegriffen, desgleichen die Pfeifenmacher, denen 1581 eine eigene Zunftordnung gewährt wurde. Die Schnitzer schieden erst 1637 aus und erhielten 1655 eine eigene Zunftordnung. Nach dem Preisverzeichnisse, das den Verlegern der Schnitzartikel im Jahre 1655 gegeben wurde, welches allerdings Zusätze von einer anderen Hand, wahrscheinlich aus späterer Zeit enthält, wurden gefertigt:

Holzmühlen, Nürnberger Puppen, tanzende Puppen, Orgelschlager, Mäusekästchen, Leiern, Kutschen, Leiterwagen, Linzerwagen, Kaleschen, Faßwagen, Ochsenschläger und Schmiede.

Umlaufende Arbeit als: 4 Stück Wild, Jäger und Vogel auf einem Baum; umlaufender Tisch mit Stühlen und 7 Personen; Vögel mit Blasebälgen und Pfeifen; Vögel auf Rädern und sonstige Tiere. Umlaufende Hirsche, doppelte Rößlein, Tänzer auf einer Spieltafel,

Städel mit allerlei Handwerksburschen; mit Hunden; mit verschiedenen Tieren; Wald- und andere Männer, Bock oder Geis mit Schneider, verschiedene Handwerker, Vogelhäuschen mit Vogel, Vogel mit Federn, Seilfahrer, Weltwunder, Fechtmänner, Hühnersteigen, Schildkröten, Tische, Stühle, Bettstätten 2c., Kirchen, Grillenhäuschen, Jagdspiele, Nußbeißer, Blasrohre, Blasrädel, Blasschmieden, Reiter, Degen, Säbel, Büchsen, Stillet, Mausspiele, Schachspiele, Schlangenbüchsen, Pfauen in Büchsen, Vögel in Schachteln, Passionsbüchseln, Kruzifixe, Ostereier mit Figuren, Altäre, Triller mit Blei, Männchen mit Blei, Rennschlitten, Schiffe und Galeeren, Schubkarren auf 2 Rädern, Schußer- und Schneidsägen, Reibeisen 2c.

Das Warenverzeichnis der Berchtesgadner Schnitzer war daher schon damals ein sehr umfangreiches und bestand die überwiegende Mehrzahl der auch uns noch erfreuenden Spielsachen bereits schon zu jener Zeit.

Der im Jahre 1805 angefertigte Kataster der nicht wandernden Gewerbe führt auf als Meister

Gemeinden	Holzwaren-Fabrikanten und Drechsler	Schachtel-macher	Pfeifen-macher	Schnitzer	Schachtel-maler	Schäffel- und Löffelmacher	Summa
Berchtesgaden	4	2	1	4	6	—	17
Schellenberg, Land- und Burgfrieden	11	16	1	—	5	—	33
Au	6	17	—	5	—	15	43
Bischofswies	54	26	12	10	—	19	121
Ettenberg	2	21	1	—	—	—	24
Gern	19	25	3	11	—	5	63
Ramsau	13	16	2	—	—	4	35
Salzberg	26	37	1	31	1	5	101
Scheffau	14	8	1	—	—	1	24
Schönau mit Königssee	84	69	—	14	5	8	180
Summa	233	237	22	75	17	57	641

Damals zählte nach Koch-Sternfeld

Gemeinden	Höfe			Häuser
	ganze	halbe	viertel	
Berchtesgaden	—	—	—	143
Schellenberg	—	—	—	128
Au	60	25	1	97
Bischofswies	99	22	5	184
Ettenberg	12	13	2	27
Gern	18	23	1	44
Ramsau	88	35	$2^1/_3$	134
Salzberg	55	45	1	115
Scheffau	43	23	1	74
Schönau mit Königssee	91	63	4	159
Summa	466	249	17	1105

Zieht man von 1105 Häusern jene der Märkte (271) ab, so ergiebt sich, daß über $^2/_3$ der ländlichen Bevölkerung das Holzhandwerk betrieb.

Damals erhielten 206 Meister und 93 Gesellen als Arbeitsholz im ganzen jährlich 637 Fichtenstämme und 126 Buchenstämme nebst 10 Fudern Buchenstangen (Forstwirtschaftliche Mitteilungen. Das Kunstholz-Handwerk in Berchtesgaden betr. 1859.). Koch-Sternfeld giebt den Wert der jährlich in den Handel gebrachten Waren zu jener Zeit auf 100 000 Fl. an.

Ein im Jahre 1848 eingereichtes Verzeichnis der Zunftmeister der Schachtelmacher, die um Abhülfe gegen die Pfuscher baten, weist aus an zünftigen Gewerbsleuten in

Gemeinde	Meister	Gesellen
Berchtesgaden	1	—
Schellenberg	15	—
Au	8	3
Bischofswies	17	6
Ettenberg	—	6
Gern	20	8
Ramsau	15	3
Salzberg	21	11
Scheffau	5	3
Schönau	61	10
Königssee	—	23
Summa	163	73

Zu diesen gesellen sich aber noch 103 Schachtelmacher, welche weder im Zunftbuche vorgetragen noch von der Gewerbspolizeibehörde licentiiert sind. Die erwähnten forstlichen Mitteilungen schätzen Ende der fünfziger Jahre dieses Jahrhunderts die Zahl der Holzhandwerker auf circa 400 Familien mit etwa 2000 mitarbeitenden Köpfen, d. i. ein Vierteil der Bevölkerung. Dieselben teilen sich in rund 170 Schachtelmacher, 60 Schnitzer, 120 Dreher, 40 Schäffel-, Lagel- und Ampermacher mit zusammen etwa 200 Gesellen.

Daneben arbeiteten noch eine Anzahl nicht licentiierter Handwerker.

Der Gesamtwert der gefertigten Arbeiten wurde auf 50—60 000 Fl. geschätzt. Nach der Berufszählung vom Jahre 1882 hatten sich damals angemeldet:

141	Schachtelmacher,
49	Schnitzer,
46	Drechsler,
44	Schäffler,
5	Kunstschnitzer,
4	Löffelschnitzer,
4	Spielwarenverfertiger,
3	Spinnradmacher,
3	Lagelmacher,
3	Rechenmacher,
3	Beindrechsler,
2	Spunddreher,
1	Strohflechter
308	Betriebe im ganzen, also um die Hälfte weniger

wie im Jahre 1805.

Noch größere Abnahme zeigt das Jahr 1887. In diesem hatten sich zum Betriebe pro 1888 angemeldet:

(s. Tabelle S. 17.)

In diesen fünf Jahren fand daher wieder ein Rückgang von 20 % in den Betrieben statt, obgleich die Bevölkerungsziffer, wenn auch nur in geringem Grade, sich vermehrt hatte[1]. Das Gewerbe der Beindrechsler, in dem meist so hübsche zierliche Sächelchen geschaffen wurden, ist gänzlich erloschen.

---

[1] Verschiedene in diesen Jahren eintretende Zufälligkeiten können den bedeutenden Rückgang in demselben bewirkt haben und ihn vielleicht nur als vorübergehend erscheinen lassen.

1. Infolge der großen Windbrüche, die im Herbste 1885 stattfanden, schränkte das Forstärar den Holzhieb ein; der Privatwaldbesitzer hatte lohnenden Arbeits-

Gemeinden	Schachtelmacher	Schäffler	Drechsler	Rechen- u. Schlittenmacher	Schnitzer	Schindelmacher	Laglmacher	Besenbinder	Spinnradmacher	Holzschuhmacher	Löffelmacher	Holzwarenhändler	Summa
Au	9	5	6	—	3	—	1	—	—	—	—	—	24
Bischofswies	17	9	7	2	2	—	—	—	1	1	3	1	43
Ettenberg	6	—	1	1	—	—	—	—	—	—	—	—	8
Gern	14	2	8	—	5	1	—	—	—	—	—	—	30
Ramsau	13	4	4	—	—	—	—	—	—	—	—	—	21
Salzberg	17	2	2	—	6	—	1	—	1	1	—	—	30
Scheffau	1	2	1	—	1	—	—	1	—	—	—	—	6
Schönau	21	1	10	—	4	—	—	—	—	—	—	—	36
Königssee	28	—	8	—	5	—	—	—	—	—	—	—	41
Berchtesgaden	5	—	1	1	1	—	—	—	—	—	—	—	8
Schellenberg Markt	—	—	—	—	—	—	—	4	—	—	—	1	5
" Land	3	—	1	—	—	—	—	—	—	—	—	—	4
Summa	134	25	49	4	27	1	2	5	2	2	3	2	256

Welch einschneidende Wirkung diese Abnahme der Holzindustrie auf den Nationalwohlstand des Ländchens hervorbringen muß, erweist nachstehende Zusammenstellung der Bevölkerungsziffer und der Anwesen, welche mit dem Landwirtschaftsbetriebe allein eine Familie nicht nachhaltig zu ernähren vermögen.

(Siehe Tabelle Seite 18.)

Lassen wir die beiden Märkte mit ihrem vorzugsweise bürgerlichen Verdienste, dann Land-Schellenberg, das im Jahre 1805 dem Markte zugerechnet war, weg, so bleibt uns eine Wohnbevölkerung von rund 5860 Seelen in rund 1220 Haushaltungen mit 961 ländlichen Anwesen, einer Hausindustrie von 240 Betrieben und 135 bürgerlichen Gewerbsbetrieben teils als selbständige Gewerbsbetriebe, teils in Verbindung mit

---

verdienst beim Bahnbau, einer Bachkorrektion am Hintersee und Straßenbau und fällte weniger Holz, wodurch der Preis desselben enorm stieg.

2. Bei den genannten öffentlichen Arbeiten fand der Landmann lohnendere Beschäftigung als beim Handwerke. Dagegen muß nachhaltige schädliche Wirkung auf unsere Hausindustrie der Zoll üben, der seit dem Jahre 1888 auf gemalte und gebeizte Waren gelegt wurde und der in keinem Verhältnisse mit dem Verkaufspreise der Waren steht.

Gemeinden	Zahl der Haushaltungen	Wohnbevölkerung	Landwirtschaftliche Anwesen	Wohngebäude	Landwirtschaftliche Anwesen in der Größe zu 3 ha	von 3, 4–7 ha	von 7, 1–10 ha	10 ha	Hausindustrielle Betriebe
Au	136	655	114	135	15	23	37	75	24
Berchtesgaden	412	1888	5	240	1	4	—	5	8
Bischofswies	254	1343	210	248	29	32	23	84	43
Ettenberg	28	120	32	33	7	—	5	12	8
Gern	56	256	56	49	11	9	8	28	30
Ramsau	175	904	146	160	24	20	19	63	21
Salzberg	239	1004	142	183	19	14	11	44	30
Scheffau	72	356	71	83	12	8	22	42	6
Schellenberg Land	68	329	83	70	31	13	15	59	4
„ Markt	117	375	2	110	2	—	—	2	5
Schönau	146	656	113	121	14	21	23	58	36
Königssee	110	568	77	87	13	17	14	44	41
Summa	1813	8454	1051	1519	178	161	177	516	256[1]

landwirtschaftlichem Besitz. Von den 961 ländlichen Anwesen nähren 350, also nahezu ein Drittel, die Familie nicht und wird auf wenigstens 110 keine Hausindustrie betrieben.

Vergleichen wir hiermit die Verhältnisse vom Jahre 1805, so finden wir mit Hinweglassung der Märkte und der mit Markt-Schellenberg verbundenen Landgemeinde Schellenberg 466 ganze Höfe gegenüber 266 halben und Viertelhöfen und in Summa 834 Wohngebäuden, in welchen 591 Hausindustriebetriebe gepflegt wurden. Damals war also die Hausindustrie auch noch auf den größeren Anwesen heimisch. Allein sie war nicht nur allgemein heimisch, die Arbeit rentierte sich auch, denn trotz der gesunkenen Geldwerte, trotz der bedeutend gestiegenen Preise des Holzmaterials wird jetzt schlechter bezahlt wie damals.

Hinsichtlich des Verdienstes aus der Hausindustrie wollen wir nur

[1] Der ganze Distrikt Berchtesgaden mit geringen Änderungen der Grenzen im Hochgebirge gleich dem alten Berchtesgadner-Lande umfaßt 39 991 ha, wovon 27 532 ha auf keiner Gemeinde einverleibte Freigebirge fallen und nur 541 ha mit Getreide und Hackfrüchten bebaut, 3621 ha Wiesland, 1526 ha Weiden und rund 20 500 ha Waldboden sind.

einige vergleichende Daten anführen, soweit die mehrerwähnten forstlichen Mitteilungen Anhaltspunkte gewähren, wozu wir bemerken, daß um das Jahr 1859 der Mittelpreis für Korn an den Dezemberschrannen zu Traunstein per Hektoliter circa 9 Mark und zur Zeit circa 10 Mark beträgt.

1. Schachtelmacher.

Die größeren Schachteln werden in Einsätzen zu 6 Stück an die Verleger abgegeben. Die äußerste und folgerichtig größte Schachtel mißt

	3′ 5″	Länge[1]
	1′ 5″	Breite
	1′ 1″	Tiefe,
die innerste und kleinste	1′ 10″	Länge
	1′ 1″	Breite
	11″	Tiefe.

Ein solcher Einsatz wurde im Jahre 1859 mit beiläufig 2 fl. 36 kr. = 4 Mk. 46 Pfg. bezahlt. Ein fleißiger Arbeiter vermag in einer Woche ungefähr 5 Einsätze zu fertigen. Zur Zeit konnte nur ein Arbeiter ermittelt werden, welcher dieselben noch fertigt, da der Einsatz eine Zeitlang nur mehr mit 3 Mk. 50 Pfg. bezahlt wurde. Dieser fertigt den Einsatz zu 8 Mk. und 3 Einsätze in einer Woche, wenn er täglich 16 Stunden arbeitet.

2. Gadelmacher.

Die Gadel ist eine fest gearbeitete meist runde Schachtel von 1′ Durchmesser und mehr, dann 6″—8″ Tiefe, bis zu 3″ Durchmesser und 2″ Tiefe. Sie dient den Gebirgsbewohnern zunächst zur Aufbewahrung von Butter und Schmalz während des Aufenthaltes in den Bergen. Der Preis berechnet sich nach dem Festgewichte, das sie aufnehmen kann;

eine einpfündige kostete	5 kr.	= 14 Pfg.,	jetzt	11—12 Pfg.
= zwei = =	10 =	= 28 =	=	22—24 =
= drei = =	15 =	= 43 =	=	33—36 =

3. Kleinschachtelmacher.

Die bekannten Wichsschächtelchen mit 2 Schachteln ineinander, 100 Einsätze = 200 Stück: 33 kr. = 94 Pfg., jetzt 80 Pfg.

Andere kleine Schachteln werden in Einsätzen von 5 Schachteln verkauft. Die größte hat 3′ 4″ Länge 2,4″ Breite 2,7″ Tiefe. Die kleinste 2″ Länge 1,1″ Breite und 0,7″ Tiefe.

---

[1] Der bayr. Fuß (′) = 12 Zoll = 0,291 m, der Zoll (″) = 2,432 cm.

100 solche Einsätze, also 500 Schachteln, kamen auf 1 fl. 10 kr. = 2 Mk., jetzt 2 Mk. 30 Pfg.

Wöchentlich können höchstens 350 Einsätze von einem Arbeiter gefertigt werden.

4. Schnitzer (Spielwarenverfertiger).

a. Trüchelschnitzer

Die bekannten Grillenhäuschen von 2″ Höhe 1½″ Breite und Seitenlänge kosteten bemalt das Dutzend 2 kr. = 6 Pfg., jetzt 10 Pfg.

15 Dutzend können in einem Tage gefertigt werden.

Puppenwiegen, bemalt von 2,2″ Länge 1,2″ Höhe, das Dutzend zu 1 kr. = 3 Pfg., jetzt 12 Pfg.

25 Dutzend sind eine Tagesarbeit; Tagesverdienst also brutto 25 kr. = 71 Pfg. und nunmehr 3 Mk.

b. Rösselschnitzer.

Ein kleines Pferdchen auf Rädern bis zu ½′ Höhe bemalt kostet 1—2 kr. = 3—6 Pfg., jetzt ebenfalls die gleiche Summe.

c. Löffelschnitzer.

Kochlöffel größerer Gattung, 6—7 Dutzend per Tag zu fertigen, das Dutzend zu 6—8 kr. = 17—18 Pfg., jetzt 45 Pfg.

5. Dreher.

a. Büchsendreher.

Runde mit einem abschraubbaren Deckel versehene Behältnisse werden in Einsätzen zu 5 Stück verkauft, der größte zu 4″ Höhe und 5″ Durchmesser, der kleinste zu 1″ Höhe und 1½″ Durchmesser. Der Einsatz damals zu 6 kr. = 17 Pfg., jetzt 15 Pfg.

In einer Woche können 36 solcher Einsätze hergestellt werden.

b. Pfeifendreher.

12—15 Stück Schwegelpfeifen ist das Höchste, was ein gewandter Arbeiter in einem Tage arbeitet. Das Dutzend kostete 42 kr. = 1 Mk. 20 Pfg., jetzt 84 Pfg.

6. Schaffelmacher.

Ein Schaffeleinsatz von 6 Stücken, deren größtes 16″ Durchmesser und 10″ Höhe, das kleinste dagegen 11″ Durchmesser und 6″ Höhe mißt, kostet in der Regel 1 fl. 24 kr. = 2 Mk. 40 Pfg., z. Z. unverändert. Ein Amper (Wassereimer) oder Pietsche 24 kr. = 69 Pfg., jetzt 1 Mk. 50 Pfg.

7. Holzschuhmacher.

Ein Paar Holzschuhe mittlerer Größe kosteten 15—18 kr. =

43—51 Pfg., jetzt 60 Pfg., von der größeren Sorte 24 kr. = 69 Pfg., jetzt 75 Pfg., drei bis sechs Paar Holzschuhe sind ein Tageswerk.

Obige Zahlen sind der Brutto-Verdienst, von dem das Material: Holz, Farben, Leim, Abnützung der Werkzeuge in Abzug zu bringen ist, um den reinen Verdienst zu finden.

Nach Angabe der Hausindustriellen kommen jetzt zunächst in Handel:

bei den Großschachtelmachern

Schachteleinsätze zu 18 Stück und wurde um das Jahr 1870 der Einsatz 2 fl. 12 kr. = 3 Mk. 77 Pfg. bezahlt; heute mit 2 Mk. 50 Pfg. 4 Einsätze können in einer Woche gefertigt werden.

bei den Schaffelmachern.

Wasserschäffl in Einsätzen zu 7 Stück, das größte Schaff mit 50—60 cm Durchmesser, der Einsatz wird mit 6 Mk. bezahlt. Drei Einsätze können wöchentlich gefertigt werden.

Badewannen für Kinder, der Einsatz zu 3 Stück, kosteten früher 1 fl. 42 kr. = 2 Mk. 91 Pfg., jetzt 4 Mk. 20 Pfg. Drei Einsätze sind eine Wochenarbeit.

bei den Kinderspielwarenverfertigern.

Durch Anfertigung von bunt bemalten Zimmereinrichtungen, Tischen, Sesseln, Kommodenkästchen ꝛc. wird heute, der Arbeitstag zu 17 Stunden gerechnet, per Tag verdient brutto 1 Mk. 20 Pfg. Für diese Waren ist seit 1888 der Absatz nach Österreich vollständig verloren, da der daraufgelegte Zoll viel zu hoch ist. Er beträgt nämlich für vollständig weiße Ware 1 fl. 50 kr. österr. W. per 100 Kilo oder 5 fl. österr. W. für bemalte Ware. Hinsichtlich der in den forstamtlichen Mitteilungen geschilderten Leistungsfähigkeit muß bemerkt werden, daß diese nur von ganz tüchtigen Arbeitern und nur dann erzielt werden kann, wenn sie nur mit dem Holzhandwerke sich beschäftigen und 16—17 Stunden des Tages der Arbeit obliegen. Dies höhere Erträgnis der Arbeit ist nur scheinbar, da das Holz im Preise wesentlich gestiegen ist. So war der durchschnittliche Taxwert für Handwerksholz im Jahre 1859 4 kr. per Kubikfuß = à cbm 4 Mk. 57 Pfg., im Jahre 1888 10 Mk. per cbm, dann für Schindel- und Instrumentenholz I. Absatzlage I. Qualität 6 kr. per Kubikfuß oder 6 Mk. 35 Pfg. per cbm, II. Qualität 4 kr. per Kubikfuß oder 4 Mk. 75 Pfg. per cbm, im Jahre 1888 I. Absatzlage I. Qualität 16 Mk. per cbm, II. Qualität 13 Mk. per cbm.

Die K. B. Regierung sah diesem Rückgange der Holzindustrie keineswegs gleichgültig zu; sie war vielmehr bestrebt, dieselbe thunlichst zu fördern. Schon vor dem Jahre 1830 finden wir an den Salinenschulen zu Berchtesgaden und Schellenberg einen Zeichnungslehrer, und da die Kinder aus 10 Gemeinden (Ramsau und Au ausgeschlossen) diese Schulen besuchten, so war der Zeichnungsunterricht fast allgemein zugänglich.

An der Berchtesgadner Zeichnungsschule wirkten sogar 2 Lehrer, einer für das Figürliche, der andere für architektonische und ornamentale Zeichnungen; der Unterricht wurde aber nur an Sonntagen erteilt und war daher wenig erfolgreich.

Im Jahre 1838 wurde von K. Regierung die Einrichtung einer eigenen Zeichnungsschule zur Hebung des Holzhandwerkes durch Verbesserung und Vermannigfachung der Formen angeregt und vom Landgerichte ä. F. die Errichtung einer gewerblichen Fortbildungsschule, welche sich neben dem Zeichnen mit Unterricht im Schnitzen und Modellieren beschäftigen sollte, in Antrag gebracht.

Die Ausführung scheiterte jedoch wegen mangelnder Mittel und einer tauglichen Persönlichkeit zum Unterrichte, K. Regierung unterstützte aber die bestehende Zeichnungsschule durch Beschaffung von Vorlagen.

Zwanzig Jahre später wurde dieses Projekt neuerdings und mit besserem Erfolge aufgegriffen.

Die Schule wurde als Distriktsanstalt [1] erklärt und dem K. Landgerichte und Distriktsrate unmittelbar unterstellt. Sie wurde mit einem Lehrer besetzt, welcher an jedem Markttage mit Ausnahme der Samstage von 8 Uhr (im Sommer 7 Uhr) an bis 11 Uhr Unterricht im Zeichnen, Modellieren, Schnitzen und Drechseln zu erteilen hatte.

An wenigstens 3 Nachmittagen in der Woche sollte derselbe die Werkstätten der selbständigen Schnitzer und Drechsler besuchen, sie auf ihre Fehler aufmerksam machen und zur Verbesserung ihrer Fabrikate anleiten.

Der Schulbesuch war für die Genossen der Berchtesgadner Holzarbeiter und ihre Kinder kostenfrei.

Die Erteilung von neuen Licenzen an Drechsler, Schnitzer und Spielwarenverfertiger war vom Nachweise des Besuches dieser Schule abhängig.

Die in der Schule angefertigten Arbeiten bleiben dem Verfertiger zum

---

[1] Jeder Gerichtsbezirk bildet einen Distrikt. Die sämtlichen Gemeinden desselben haben für die sie speciell berührenden Einrichtungen gemeinsam aufzukommen, z. B. für Straßen, die nicht für den allgemeinen Verkehr, sondern zunächst distriktive Bedeutung haben, Krankenhäuser, Hebammen, Feuerspritzen u. s. w.

freien Absatze. Für den Fall aber, daß die von der Schule neu eingeführten Artikel nicht zu dem von derselben angesetzten Preise von den Verlegern erworben würden, war es der Anstalt freigestellt und gehörte es sogar zu ihrer Aufgabe, den Absatz dieser Waren zu vermitteln.

Mit hoher Regierungsentschließung vom 19. Februar 1858 wurde Bildhauer Michael Hohm als Lehrer dieser Anstalt gewonnen und, da er kein gelernter Drechsler war, für letzteren Unterricht ihm ein Drechslermeister beigesellt.

Im Jahre 1863 beabsichtigte man der Schule noch eine weitere Einwirkung auf die gesamte Hausindustrie zu verschaffen.

Für die Spielwarenfabrikation sollte sie Modelle herstellen, der Fabrikation der Pfeifenmacher größere Aufmerksamkeit zuwenden, für die feinere Schnitzerei zugleich eine Fabrik bilden, deren Geschäftsführer der Lehrer sein sollte.

Diese Aufgabe war für einen Lehrer zu groß; sie erforderte Betriebskapital und eignete sich nicht wohl für eine öffentliche Anstalt; es wurde denn auch mit hoher Regierungsentschließung vom 15. Juni 1866 die Aufgabe der Schule dahin zusammengefaßt, daß sie berufen sei, die feinere kunstmäßige Schnitzerei auf die höchste Stufe der Ausbildung zu bringen und von dem Unterrichte in der früher betriebenen Spielwarenfabrikation ganz abzusehen; dagegen sei eine Genossenschaftsbildung unter den Holzarbeitern anzustreben und wurden Stipendien zum Besuche der Schule in Aussicht gestellt.

Durch das hierauf neu erlassene Schulstatut vom Jahre 1866 wurde die Schule als Distriktsanstalt zur Hebung der feineren kunstmäßigen Schnitzerei belassen, dem K. Bezirksamte (die Trennung der Verwaltung von der Justizpflege war inzwischen auch in den untern Instanzen durchgeführt) ein Schulrat bestehend aus 3 Mitgliedern beigegeben. Für sämtliche Distriktsangehörige ward der Unterricht unentgeltlich und durften auch Nichtdistriktsangehörige nach Maßgabe der verfügbaren Räumlichkeiten zugelassen werden.

Mit der Schule wurde eine Musterwerkstätte verbunden, in welcher nach Anleitung des Lehrers verkäufliche Schnitzarbeiten erzeugt wurden, für deren Absatz der Lehrer auf eigene Wag und Gefahr zu sorgen hatte. Die Dauer der Lehrzeit wurde auf längstens 4 Jahre festgesetzt.

Die austretenden Schüler hatten in Verbindung mit der Schule zu verbleiben, sie durften Zeichnungen und Modelle der Schule benützen, ihre Arbeiten in derselben ausstellen und konnten selbst Vorschüsse auf dieselben sich erbitten.

Die ehemaligen Schüler arbeiteten auch noch längere Zeit gemeinsam unter der Leitung des Lehrers, aber schon im Jahre 1870 wurde beanstandet, daß sie sich aus Brotneid und um bessere Bezahlung zu erhalten trennten und bei den verschiedenen Verlegern in Arbeit traten.

Inzwischen dauerte die Salinenzeichnungsschule selbständig fort und war K. Regierung bemüht, neue Absatzgebiete und Fabrikationsarten für die Schule zu vermitteln, die Berchtesgadner Schnitzer in direkte Verbinbindung mit den Händlern größerer Städte zu bringen. Sie versah die Schule mit guten Modellen, photographischen Aufnahmen, Vorlagen, Kunstwerken und ordnete Lehrer Hohm wiederholt zur Besichtigung anderwärtiger Etablissements nach Nürnberg, Sonnenberg, Stuttgart, Geislingen und in das Berner Oberland ab. Dort lernte dieser die Anwendung von Maschinen zur Unterstützung der Schnitzerei kennen, und es erwachte in ihm der Wunsch, auch eine Maschinenwerkstätte zu besitzen, welches Verlangen von einer Visitationskommission im Jahre 1869 als berechtigt anerkannt wurde.

Bisher war die Schule in gemieteten Räumen untergebracht, welche dem Aufschwung, den dieselbe gewonnen hatte, dem Vorrate der Modelle nicht mehr genügten. Man suchte nun ein eigenes Heim zu gründen und wurde zu diesem Zwecke das Hoffischeranwesen am Berchtesgadner Mühlbache, Eigentum des K. Staatsärars, vom Distrikte erworben, welches im Jahre 1871/72 zu einer Distriktsschnitzerei und Zeichnungsschule umgebaut wurde.

Das K. Staatsministerium spendete hierzu ein Kapital von 10 000 fl. aus dem allgemeinen Industrie-Unterstützungsfonds und der Kreis einen Zuschuß von 500 fl. Dieses Gebäude besteht zur ebenen Erde aus zwei geräumigen Sälen, je einem für den Unterricht im Schnitzen und Modellieren (letzterer diente zugleich als Ausstellungsraum), einem Zimmerchen für den Lehrer, einem kleineren Zimmer als Arbeitsraum für ausgetretene Schüler und einem Zimmer als Hausmeister-Wohnung. Im ersten Geschoß befindet sich ein großer Zeichnungssaal mit einem Zimmerchen für den seit 1871 angestellten eigenen Zeichnungslehrer und der Wohnung des Schnitzlehrers.

Im Jahre 1873 gesellte sich zu beiden Lehrern noch ein dritter, ein ehemaliger Schüler, als Vorarbeiter in der Holzschnitzer- und Modellierlehre und als Modelleur.

Zum Zeichnungsunterrichte wurden auch ehemalige Schüler und die letzten Klassen der Elementarschule zugelassen.

Der Zeichnungslehrer an der Volksschule zu Schellenberg erhielt eine

Remuneration aus Distriktsmitteln und wurde dieser Unterricht der Kontrolle der Zeichnungsschule zu Berchtesgaden unterstellt.

Mit der Beschaffung dieses eigenen Gebäudes wurde gleichzeitig im Jahre 1871 von K. Regierung die Erlassung einer neuen Schulordnung angeregt.

Dieselbe strebte an

a. Unterricht im Zeichnen, Schnitzen und Modellieren,

b. gewerblichen Fortbildungsunterricht,

c. kaufmännischen Regiebetrieb der Musterwerkstätte, deren Ertrag nicht mehr wie bisher Diensteinkommen des Hauptlehrers sein sollte,

d. Regelung des Lehr- und Gesellenverhältnisses, des Arbeitsverdienstes der Schüler,

e. eigene Buchhaltung.

Die Durchführung dieser Anregung stieß auf große, namentlich finanzielle Schwierigkeiten; sie hätte Vermehrung des Personales, Erhöhung der Lehrerlöhne, Beschaffung von Betriebskapital erfordert. Sie stieß auf den Widerstand der übrigen Gewerbetreibenden gleicher Kategorie, welche eine ihnen schädliche Konkurrenz darin aufblühen sahen. Dagegen wurde das Verlangen nach einer eigenen Maschinenwerkstätte für die Schule immer dringender, um größere Arbeiten ausführen zu können, und entschloß sich der Distriksrat zum Anbaue einer zweistöckigen Maschinenhalle an die Schule mit der Bedingung, daß alle Schnitzer und Dreher ꝛc. berechtigt sein sollten, gegen geringes Entgelt in dieser Maschinenhalle ihre Hölzer schneiden zu lassen. Sie wurde auch im Jahre 1880 mit einem Kostenaufwande von 29 000 Mk. fertig gestellt, wozu das K. Staatsministerium einen unrefundierlichen Zuschuß von 23 800 Mk. und der Kreis ein zu 2 % verzinsliches, in Raten heimzahlbares Kapital von 3000 fl. = 5143 Mk. beisteuerte.

Die durch Wasser getriebenen Maschinen bestehen aus einem Säggange, Blöckelsäge, welche jüngst wieder beseitigt wurde, weil ihre Ingangsetzung zu große Erschütterung des Gebäudes verursachte, einer Kreissäge, einer Bandsäge, einer Decoupiersäge, einer Hobelmaschine, einer Drehbank, einer Ovaldrehbank und einer Fräsmaschine.

Schon die Errichtung der Maschinenhalle erforderte für deren Benützung die Aufstellung neuer Bestimmungen; der langjährige Lehrer und Schulleiter Michael Hohm war mit Tode abgegangen; seit Erlassung des Schulstatuts vom Jahre 1866 hatte sich eine neue Klasse von Schnitzern, jene der Kunstschnitzer, herangebildet; denn die Schule war vom Jahre 1858 bis 1879 inkl. von 182 Schülern besucht, von denen sich 68 als Schnitzer, Drechsler und Tischler ausbildeten, von welchen wiederum 58 in verschiedenen Geschäften thätig waren und 5 als Meister mit eigenem Verlage arbeiteten. Es wurde in Berchtesgaden eine gewerbliche Fortbildungsschule gegründet, deren Schüler zum Besuche des Zeichenunterrichtes bei der Distriktszeichnungs- und Schnitzereischule verpflichtet wurden, wie andererseits den Schülern der letzteren Anstalt der Besuch der Fortbildungsschule obligatorisch wurde.

Da der Ertrag aus der Musterwerkstätte einen bedeutenden Bestandteil des Einkommens des Anstaltsleiters bildete, kam das gewerbliche Interesse in mannigfache Kollision mit der kunstgewerblichen Ausbildung der Schüler. Im Interesse des Lehrers als Unternehmers lag es nämlich, einträgliche Bestellungen auch dann nicht zurückzuweisen, wenn die Ausführung derselben nicht fördernd für die künstlerische Ausbildung der Schüler war. Es entstand ferner zwischen dem Anstaltsleiter und den selbständigen Schnitzern eine der Weiterbildung der letzteren gefährliche Rivalität.

So wurden denn im Jahre 1880 neue Statuten entworfen, welche im Jahre 1884 hohe Regierungsgenehmigung erhielten.

Die Schule bleibt Distriktsanstalt und steht unter einem von 12 Personen gebildeten Schulrate: dem Bezirksamtsvorstande als Schulvorstand und dem technischen Schulvorstande als ständigen Schulräten, dann 10 vom Distriktsrate auf je 3 Jahre gewählten Mitgliedern.

Das Schulpersonal besteht aus dem von K. Regierung aufgestellten technischen Vorstande, aus einem auf Vorschlag des Schulrats vom Distrikte auf Dienstvertrag aufgenommenen Zeichen- und Schnitzlehrer, aus einem Volksschullehrer für die Zeichnungsschule in Schellenberg und einem vom Distriktsrate aufgestellten Hausmeister.

Die Schule zerfällt in

a. einen Vorbereitungskurs,

b. Ausbildungskurs,

c. Abend- und Sonntagskurs.

Der Unterricht im Vorbereitungskurse beschränkt sich lediglich auf Zeichnungsunterricht in wöchentlich 4 Stunden und wird für den Eintritt in der Regel das vollendete 10. Lebensjahr gefordert.

Der Ausbildungskurs umfaßt den eigentlichen technischen Unterricht in regelmäßig 4 Schuljahren und setzt Entlassung aus der Volksschule voraus. In der ersten und zweiten Abteilung werden wöchentlich 4 Stunden dem Linear-, 8 Stunden dem Ornamentzeichnen, 8 Stunden dem Modellieren und 30 Stunden dem Schnitzen gewidmet. In der III. Abteilung ist das Ornamentzeichnen und Modellieren auf die halbe Stundenzahl reduziert, die hierdurch freigewordene Zeit dem Schnitzen zugewiesen.

Jeder Schüler dieses Kurses ist verpflichtet, die gewerbliche Fortbildungsschule zu besuchen.

Den Schülern des 3. und 4. Jahrganges ist gestattet, während der Schnitz- und Freistunden unter Aufsicht des Lehrpersonals von auswärts bestellte verkäufliche Schnitzgegenstände zu fertigen. Eine Produktion auf Regie der Schule findet nicht statt.

Der Abendkurs für Gewerbsmeister, Gesellen und Lehrlinge jeder Geschäftsbranche lehrt in wöchentlich 4 Stunden Zeichnen und Modellieren, der Sonntagskurs für die Fortbildungsschüler bietet wöchentlich 2 Stunden Zeichnungsunterricht.

Das Inventar der Schule ist allen früheren Schülern der Anstalt, sowie allen Gewerbsmeistern des Distrikts unentgeltlich zugänglich. Vom Lehrpersonal kann Beurteilung und Korrektur von Entwürfen und Arbeiten erholt werden, das nur für zeitraubende Korrekturen oder Fertigung neuer Entwürfe oder Modelle eine Entschädigung nach Vereinbarung fordern kann.

Die von Mitte Juni bis Ende September geöffnete Ausstellungshalle der Schule darf von jedem ehemaligen Schüler der Anstalt zur Ausstellung seiner kunstgewerblichen Arbeiten unentgeltlich benützt werden. Für Vermittlung von Verkäufen ausgestellter Gegenstände wird eine Provision von 10% erhoben, wogegen die Schule einen Wärter aufstellt.

Alle bei der Schule schriftlich einlaufenden Bestellungen, welche nicht in der Schule selbst zur Ausführung gelangen, werden behufs Bewerbung seitens ehemaliger Schüler der Anstalt daselbst öffentlich aufgelegt.

Die Kosten werden vom Distrikte mit Unterstützung der K. Regierung, auf welche der Löwenanteil fällt und die auch außerdem durch Beschaffung von Lehrgegenständen und Stipendien an die Schüler die Sache wohlwollend unterstützt, bestritten.

Die seit 16 Jahren angestrebte Maschinenhalle hatte mit ihrer Fertigstellung das Geschick, für die Schule nahezu gegenstandslos zu werden, da die Musterwerkstätte der Schule aufgehoben wurde. Die mit den Vorteilen des Maschinenbetriebes unbekannten Gewerbsmeister, denen sie außerdem zu entlegen war, benützten sie ebenfalls höchst spärlich, und so wurde sie denn jetzt an einen ehemaligen Schüler der Anstalt gegen die Verpflichtung, die Schüler in der Benützung der Maschinen einzuführen nnd die Bedürfnisse der Anstalt zunächst zu befriedigen, verpachtet.

Die Zahl der Modelle mehrte sich immer mehr, auf das Modellieren wurde immer mehr Gewicht gelegt, und das Ausstellungslokal mußte letzterem Unterrichte vollständig eingeräumt werden. Es wurde daher die Beschaffung eines neuen Ausstellungslokales immer dringender. Im Jahre

1887 war ein der Schnitzereischule gegenüberliegendes Grundstück verkäuflich geworden. Mit reicher Unterstützung des Staates wurde dasselbe vom Distrikte für die Schule erworben und ein darauf befindliches Gebäude zur Ausstellungshalle umgebaut, in welcher nun auch Muster von Produkten der Hausindustrie Aufstellung finden können.

In den Jahren 1882 bis mit 1888 besuchten

den Vorbereitungskurs	152	Schüler
den Ausbildungskurs	67	"
den Abend- und Sonntagskurs	156	"

so daß sich in diesen 6 Jahren 375 Schüler des Unterrichts erfreuten. So sind wir in der Gegenwart angelangt.

In seinem häuslichen Anwesen, oft hoch oben im Gebirge, von dem gewöhnlichen Verkehrsleben stundenweit entfernt, obliegt der Landmann in freien Stunden seiner Hausindustrie. Die geräumige nicht sehr hohe Wohnstube, je nach ihrer Größe von 4 oder 6 Fenstern beleuchtet, ist zugleich die Werkstätte. In einem dem großen Kachelofen eingemauerten Kessel brodelt das Wasser zum Abkochen des Beifutters für das Vieh, in einem Rohre kocht der Leim zum Befestigen einzelner Teile und zur Bereitung der Farben. In dieser Stube schneidet ein Familienglied die Formen für das herzustellende Spielwerk aus den Holzbrettchen oder Klötzchen, dem ein anderes vielleicht die rohere und der Hausvater die letzte Form giebt; die Kinder leimen die einzelnen Bestandteile zusammen und bemalen sie mit Leimfarben. Am rauschenden Wässerchen steht eine kleine Drehhütte; lustig bewegt sich das Rad. In ihr werden die Spunde für Fässer, die Trompetchen, verschiedene Dreherwaren gedreht.

Aus jenem Hause tönen lebhafte Schläge, ein Schäffelmacher hat sich in demselben niedergelassen.

Dort sind an schattiger Stelle gleichmäßig geformte astlose Holzscheiter geschichtet, denn ein Schachtelmacher hat daselbst seine Werkstätte aufgeschlagen. Am Ende der Woche bringt der Hausvater seine Erzeugnisse hinab zum Verleger nach Berchtesgaden, nach Reichenhall oder nach Hallein, wo bis zum Beginn dieses Jahres des Zolles halber die noch weiße Ware die letzte Feile erhielt und dann zum dortigen Verleger wanderte. Es wird meist nur gegen Barzahlung abgeliefert, denn die Hausfrau wartet schon auf das Geld, um die Nahrung für die kommende Woche, neues Rohmaterial kaufen zu können.

Nimmt der Verleger die Ware nicht ab, so herrscht Not im Hause.

Die Bezahlung ist daher gering, da der Absatz in der Regel um jeden Preis stattfinden muß.

Der Hausvater kommt selten über den Wohnort seines Verlegers hinaus, er kennt fast nichts als sein eigenes vom Vater und dessen Ahnen hergestelltes Werk. Er hat keine Ahnung von den Bedürfnissen der Neuzeit; es fehlt ihm jede Anregung. Der Verleger hat die Fühlung mit dem Welthandel verloren; er ist auf sein angeerbtes Kaufhaus angewiesen. Dieses bezahlt schlecht, um billig ablassen und sich seinen Markt erhalten zu können.

Was hoch oben im Walde geleistet werden könnte, weiß man in der großen Handelsstadt sowenig, als der Arbeiter weiß, was von ihm gewünscht würde. Das ist der Stand der heutigen Hausindustrie.

Aus den Schülern der Distriktszeichnungs- und Schnitzereischule hat sich ein neuer Industriezweig, jener der Kunstschnitzerei, herausgebildet. Etwa ein halbes Dutzend derselben haben sich im Markte Berchtesgaden eigene Häuser mit Verkaufsläden und hellen hohen Werkstätten erobert, arbeiten mit jüngeren Kräften als Gesellen, halten einen Verlag. Andere kehrten heim in das elterliche Haus und bringen ihre Ware den begünstigteren Unternehmern zum Kaufe. Unter diesen Gewerbetreibenden beginnt bereits wiederum eine Art von Arbeitsteilung.

Der eine verlegt sich mehr auf Kerbschnitt und schwarz gebeizte Einrichtungsgegenstände, der andere mehr auf Figürliches, der dritte auf Rahmen, der vierte auf Tischlerarbeit mit Kerbschnitt oder Flachrelief als Verzierung. Dieser schnitzt vorzugsweise Gnomen, jener Wildstücke, ein dritter Cigarrenspitzen oder Stockknöpfe u. s. w. Die zahlreich Berchtesgaden besuchenden Fremden sind zunächst die Käufer und Besteller, und hat diese Gattung Berchtesgadner Arbeit bereits ihren Weg über den Ocean gefunden. In den früheren kaufmännischen Weltverkehr ist aber auch diese Produktion noch nicht gekommen. Mit der Schweiz, mit dem Ammergau 2c. besteht Tauschverkehr, und so findet man in den hiesigen Kunstgewerbsverlagen eine Menge Arbeiten aus fernen Gegenden, keineswegs mustergültiger in der Form oder schöner in der Arbeit, aber billiger, weil dort meist fabrikmäßig gearbeitet.

Viel wurde in dieser Sparte in den letzten Jahren geleistet, es herrscht emsiges Streben für Vervollkommnung; bedeutend ist die technische Fertigkeit, die erworben wurde, es herrscht aber noch ein gewisses unsicheres Tasten nach dem, was gearbeitet werden soll, hervorgerufen durch die Unkenntnis dessen, was der Weltmarkt verlangt.

Haben wir im vorstehenden das Emporblühen und den Niedergang unserer Hausindustrie, das Aufstreben einer neuen Erwerbsart gesehen, so drängen sich uns folgende Fragen auf:

1. Worauf ist der großartige Niedergang der Hausindustrie zurückzuführen?
2. Wie könnte demselben vorgebeugt werden?
3. Sollte die Berchtesgadner Hausindustrie, wenn sie nicht mehr lebensfähig ist, nicht vielmehr unterdrückt und die Leute zu lohnenderer Beschäftigung überführt als die krankende Industrie mit Staatshülfe fortgefristet werden?
4. Was ist zu thun, um die Kunstschnitzerei lohnender zu gestalten?

ad 1. Die Berchtesgadner Hausindustrie beherrschte einst den Weltmarkt durch die relative Güte ihrer Waren und die Emsigkeit ihrer Verleger, durch das große Handelsnetz, das ihr zu Gebote stand. Sie arbeitete billiq wegen der Billigkeit des Rohmaterials, das sie bedurfte.

Sie wurde klein, weil die Qualität ihrer Produkte nicht gleichen Schritt hielt mit der auswärtigen Konkurrenz; weil durch mißliche Störungen im Handel ihr Absatzgebiet Einbuße erlitt; weil man durch Druck auf die Verleger ihr das Kapital entzog und die Fühlung mit dem Welthandel verlor.

Metall und Papier machte dem Holz den Vorrang streitig und drückt auf das Schäffler- und Schachtelmachergewerbe wie auf die Spielwarenfabrikation.

Sie fristet ihr Leben nur mehr durch die Billigkeit der Ware, welche durch das Steigen der Rohmaterialwerte beeinträchtigt wird.

ad 2. Die technische Fertigkeit der Bewohner des Berchtesgadner Landes hat sich nicht verringert, in mancher Richtung wohl verbessert, es gilt nur, mit der alten Form zu brechen, neue einzuführen.

Schwer jedoch ist dieses zu vollziehen. Wie wir gesehen haben, hat das Berchtesgadner Land nur zwei geschlossene Orte, den blühenden Markt Berchtesgaden und das durch mißliche Schicksale verarmte Schellenberg; alle übrigen Bewohner leben in Einöden im Gebirge zerstreut ohne jeden Mittelpunkt.

Die Gemeinden nehmen einen großen Flächenraum ein; die Einwohner derselben kommen höchstens bei den sonntäglichen Gottesdiensten in einer der 3 Pfarreien Berchtesgaden, Ramsau und Schellenberg zusammen. Diese Vereinsamung hemmt jeden Gedankenaustausch, jede neue Anregung, jede Ausbildung eines Gemeinsinnes. Ehedem war die Zunft das Band, das die einzelnen Arbeitergattungen vereinte. Der Zunftmeister erhielt seine Anregung vom Verleger und dieser vom Großhändler, an den er seine

Waren absetzte und durch den er in Fühlung mit dem Bedürfnisse blieb und Winke zu neuen Formen erhielt.

Diese Bänder sind zerrissen, und solange sie nicht ersetzt sind, kann von einem weiteren Aufblühen unserer Hausindustrie keine Rede sein.

Um ihr das Kapital wieder zuzuwenden, muß man so arbeiten, daß das heimische Produkt mit fremdem in der Güte konkurrieren kann.

Eine Veredelung des Produktes wurde sowohl durch Zeichnungsschulen wie auch durch die Errichtung einer Zeichnungs- und Schnitzereischule angestrebt. Diese gewann aber keinen Einfluß auf die Hausindustrie, sondern schuf nur einen neuen Erwerbszweig.

Gerade der kleine Landmann auf den Bergen hat kein Geld, seinen halbgewachsenen Jungen in den Markt zur Schule senden zu können. Dieser muß schon verdienen. Der Besuch der Distriktszeichnungs- und Schnitzereischule wäre noch ein viel regerer, wenn die jungen Bursche schon in den ersten Jahren sich selbst erhalten könnten. Dann ist auch das ganze Unterrichtsprogramm zu hoch für den Hausindustriellen alten Schlages.

Endlich kann sich die Kunstschnitzerei als Hausindustrie deshalb nicht einbürgern, weil die Hand, welche bald auf dem Felde schafft, bald im Holze arbeitet oder zimmert oder die Kehle führt, zu feineren Arbeiten in der verdienstlosen Zeit sich nicht mehr eignet.

Aus diesen Gründen forderte ein Referat der Königl. Distriktsschulinspektion Berchtesgaden vom Jahre 1864 eine Teilung des Unterrichts in der Distriktsschnitzereischule für das Kunstgewerbe und die eigentliche herkömmliche Hausindustrie. Wir müssen gestehen, daß bevor uns noch dasselbe zur Kenntnis kam, wir ebenfalls ähnliche Gedanken hegten, davon aber abkamen in der Erwägung, daß bei der weiten Entfernung der Anwesen von der Schule, der Armut der Bevölkerung, dem mangelnden Absatze der Produkte es einem solchen Kurse an Schülern fehlen würde. Was wir bedürfen, ist eine rege verständige Verbindung zwischen den Produzenten und dem Welthandel, ist ein Kaufmann, welcher die Ware auf den Weltmarkt bringt und die Arbeiter auf dem Laufenden mit dem Geschmacke und dem Bedürfnisse der Zeit erhält.

Die Technik ist im Volke noch vorhanden, der Form kann, was die Spielwarenfabrikation und selbst Dreherei betrifft, in der Schnitzereischule nachgeholfen werden.

In einer Gegend, wo von jeher soviel geschnitzt wurde, ist, möchte ich sagen, die Kunst ansteckend. Neben dem gebildeten Schnitzer entstehen eine Menge Dilettanten, die mit mangelhaften Instrumenten nachzuschnitzen suchen, was sie von den Schülern sehen, selten aber es zu einer gewissen Vollkommenheit bringen.

Sie wären ein brauchbares Material zur Erzeugung besserer Spielwaren, wenn dieser Schaffenszweig einbringlich wäre. Von ihnen aus fände von selbst die Verbreitung in die höher gelegenen Anwesen statt.

Wer nicht Gelegenheit hat, die Landleute in ihren Werkstätten zu sehen, hat keine Ahnung, was im Distrikte geleistet wird und unter verständiger Anleitung geleistet werden könnte.

Deshalb hat die Distriktsverwaltungsbehörde, nach dem die Königliche Regierung die Mittel zur Herstellung eines Ausstellungslokales bei der Distriktsschnitzereischule gewährt hat, die Landbevölkerung eingeladen, ihre Arbeiten ebenfalls in guten Mustern mit Bekanntgabe der Preise zur Ausstellung zu bringen, um so den das Land besuchenden Fremden Gelegenheit zu geben, von den Erzeugnissen der Hausindustrie Kenntnis zu nehmen und Bestellungen durch den Hausmeister zu vermitteln.

Das Unternehmen ist noch zu neu, um von Erfolgen sprechen zu können; der Landmann hält noch zu sehr zurück, seine einfache Ware neben jener der Kunstschnitzer zur Geltung zu bringen.

Es soll auch nur ein Provisorium sein, dem ein Hintergedanke zu Grunde liegt, nämlich der, es möchte diese gemeinsame Ausstellung der Anstoß zur Bildung einer Genossenschaft sämtlicher Holzhandwerker werden, welche ein gemeinsames Verkaufslokal hält, die Mittel zur Aufstellung von Agenten zur Vermittlung von Bestellungen, Erweiterung des Absatzgebietes ꝛc. bietet und so dem absterbenden Gewerbe ein neues Leben einflößt.

Diese Hülfe muß unserer Ansicht nach aus der Mitte der Arbeiter selbst hervorgehen, soll sie wertvoll, soll der Nutzen ein dauernder sein. Sie darf nicht aufgedrängt werden. Erst wenn das Bewußtsein des Bedürfnisses erwacht ist, dürfte der Staat etwa unterstützend eingreifen.

ad 3. Nach dem heutigen Stande unserer Hausindustrie kann nicht geleugnet werden, daß es oft schade für das Holz ist, das verarbeitet, und die Zeit, welche auf die Arbeit verwendet wird, da die fertige Ware oft kaum den Verkaufswert des Rohmateriales übersteigt, daß die auf die Hausindustrie verwendete Zeit viel wertvoller einer anderen Beschäftigung zugewendet werden könnte und daß es nationalökonomisch richtiger erscheint, eine derartige Produktion nicht mehr länger staatlich zu unterstützen und auf diese Weise fortzufristen, sondern die Leute durch Einziehung des Begünstigungsholzes in Todesfällen zu zwingen, sich lohnenderen Beschäftigungen zuzuwenden.

Gleichwohl möchten wir einem solchen Vorgehen unsere Stimme nicht geben.

Einerseits besteht noch immer die Hoffnung, eine Besserung der Verhältnisse herbeiführen zu können, andererseits hat das Bestehen und die Erhaltung der Hausindustrie einen großen moralischen Vorteil.

Die verdienstarme Zeit dauert in unserem Hochgebirge oft 5 Monate. Die landwirtschaftlichen Arbeiten füllen in diesen kleinen Anwesen nur ein paar Stunden des Tages aus; die Hausindustrie beschäftigt während der übrigen Zeit jung und alt und hält beide von vielen Unzukömmlichkeiten ab. Sie stärkt das Familienleben, fördert den Gemeinsinn in der Familie, erhält nüchtern und sparsam, und wenn auch wenig verdient wird, so ist schon dieser Gewinn für eine arme Gegend goldeswert.

ad 4. Nicht weniger als die Hausindustrie leidet die Kunstschnitzerei an mangelnder geschäftlicher Verbindung; sie ist sich nicht klar über die Ziele, welche sie verfolgen soll, sie befindet sich noch in einer Art Gährung. Ein Meister will den andern überbieten, überschätzt seine Befähigung für gewisse Arbeiten oder verwirft sich auf Nachbildungen, für welche das Holz nicht das geeignete Material ist. Eine größere Arbeitsteilung, mehr arbeiten für den Markt und für die Bedürfnisse der Zeit, Vereinigung in eine Handelsgenossenschaft, Verbindung mit großen Industriellen wäre anzustreben. Warum soll ein tüchtiger Rahmenschnitzer auch Figuren schnitzen, wenn er hierfür weniger Talent besitzt, und umgekehrt ein Figurenschnitzer sich mit Ornamentschneiden quälen und dem andern den Markt verderben.

Allein Absatz für die Warengattung muß gewonnen werden, und der kann nur durch Anschluß an den Großindustriellen erfolgen. Um Bestellungen zu erhalten, bekannt zu werden, dazu gehört wiederum die Aufstellung von Agenten, wozu die Mittel der einzelnen nicht hinreichen, kaufmännische Bildung bis zu einem gewissen Grade, die der Arbeiter sich selber anzueignen nicht vermag. Genossenschaftsbildung allein führt zum Ziele. Die Schule kann da wenig helfen. Ihre Aufgabe ist es, den Sinn für das Schöne zu wecken, die technische Fertigkeit auszubilden. Soll sie ihrer Aufgabe gerecht werden, muß sie zunächst hierauf sich beschränken und auf kaufmännischen Betrieb erst in zweiter Reihe, soweit ersteres Ziel hierdurch keine Beeinträchtigung erleidet, ihr Augenmerk richten.

Die Lehrer an derselben sollen und können den selbständigen Meistern und Arbeitern mit Rat und Anweisung an die Hand gehen. Die Schule kann in ihrer Ausstellung würdige Arbeiten sammeln und dem reisenden Publikum zur Kenntnis bringen; das übrige muß sie den Meistern überlassen. Vorbilder kann sie liefern, in Handelskonkurrenz darf sie nicht treten, soll sie fördernd auf die Gesamtindustrie des Distriktes wirken. Sie wird vom Staate subventioniert, soll allgemein bildend wirken. Diesen Zweck nach Kräften zu erreichen, sei ihre Aufgabe; pekuniärer Erwerb durch eigene Fabrikation auf Lager bleibe ihr fern. In dieser Tendenz wird sie jetzt gebildet; möge sie sich durch keinen auswärtigen Angriff, durch keine Eitelkeit hierin stören lassen. In dem Emporblühen der Meister finde sie ihren Ruhm!

II.

Die Hausindustrieen des Bezirksamtes Garmisch
(Oberbayern).

Von

Privatdocent **Dr. E. Neuburg** in München.

1. Die Schnitzindustrie zu Oberammergau.

Das durch seine Passionsspiele in weiten Kreisen bekannte Dorf Oberammergau ist bereits seit langer Zeit Sitz einer blühenden Schnitzerei. Wann der Betrieb dieser Industrie dort seinen Anfang genommen hat, läßt sich nicht mehr feststellen. Daisenberger giebt in seiner „Geschichte des Dorfes Oberammergau“ [1] an, daß sie sicher schon am Ende des 16. Jahrhunderts dort bestanden habe, da schon in Urkunden, die dem Anfang des 17. Jahrhunderts angehören, 9 Schnitzer namentlich erwähnt würden. Doch ist er geneigt, den Ursprung dieses Beschäftigungszweiges viel weiter zurück zu verlegen, indem er darauf hinweist, daß im Jahre 1111 das Stift Berchtesgaden durch Kleriker des benachbarten Rothenbuch bevölkert sei und diese Ansiedler die Kunst des Schnitzens dort verbreitet hätten. Es sei auf Grund dieser Thatsache anzunehmen, daß auch in Oberammergau das Schnitzen bereits damals verbreitet gewesen sei. Einen großen Aufschwung habe es dann jedenfalls durch die 1330 erfolgte Gründung des nahen Stiftes Ettal genommen. Während es sich nämlich ursprünglich nur auf die Herstellung von Hausgeräten und Bilderrahmen beschränkte, kam von dieser Zeit an, besonders infolge der Absatzgelegenheit, die durch die vielen Wallfahrer geboten wurde, auch die Herstellung religiöser Gegenstände in Aufnahme. Zu einer besonderen Blüte gelangte die Schnitzerei in der

[1] Oberbayerisches Archiv für vaterländische Geschichte XX. 1859—1861. Ich folge bei der geschichtlichen Darstellung den Angaben Daisenbergers.

Zeit nach dem spanischen Erbfolgekriege, der dem Orte und damit seiner Industrie manchen Schaden zugefügt hatte. Es wurde nicht nur der Kreis der dargestellten Gegenstände erheblich erweitert, indem man begann neben Heiligenbildern und Kruzifixen jetzt allerlei Figuren von Menschen und Tieren sowie Spielsachen herzustellen, sondern auch als Material für die Darstellungen nicht mehr ausschließlich Holz verwandt; neben demselben gelangten nun Wachs und andere Stoffe zur Anwendung.

Um die gleiche Zeit ist auch im Vertriebe der Waren eine große Veränderung vor sich gegangen. Während nämlich in früherer Zeit der Verkauf lediglich am Orte erfolgt zu sein scheint, fingen die Oberammergauer jetzt an, ihre Waren als Hausierer in die Welt zu tragen, und zwar mit dem glücklichsten Erfolge, so daß sie es bald geraten fanden, nicht stets nach Verkauf des mitgenommenen Vorrates wieder in die Heimat zurückzukehren, um sich mit neuen Waren zu versehen, sondern sich solche nachschicken zu lassen, während sie selbst an den Verkaufsplätzen blieben. So entstanden allmählich an den verschiedensten Punkten (St. Petersburg, Kopenhagen, Gotenburg, Drontheim, Cadix, Bremen, Gröningen, Amsterdam u. s. w.) förmliche Handlungen mit Oberammergauer Schnitzwaren. Die Inhaber derselben kehrten indessen nach einiger Zeit meist als wohlhabende Leute in die Heimat zurück. Hierdurch sowie durch den reichlichen Verdienst, den die heimischen Schnitzer infolge der großen Bestellungen hatten, stieg die Wohlhabenheit des Ortes sehr. Indessen sollte diese Blüte trotz mancher Fortschritte in der Herstellungsweise der Schnitzereien — man fing z. B. um diese Zeit an, dieselben zu bemalen und erweiterte auch den Kreis der Produkte — nicht lange dauern, denn der Oberammergauer Produktion erwuchs eine starke, ja übermächtige Konkurrenz. Im Jahre 1703 war nämlich im Tiroler Thale Gröden die Schnitzerei eingeführt und entfaltete sich dort bald zu großer Blüte. Die Ammergauer suchten demgegenüber sich wenigstens ihr bisheriges Handelsmonopol zu sichern und kauften die Grödner Waren auf und machten auch große Bestellungen darin. Allein ohne den gewünschten Erfolg, denn bald nahmen die Grödner den Vertrieb ihrer Produkte selbst in die Hand, und wenn sie auch noch einige Zeit von Oberammergau abhängig blieben, da die Kunst des Bemalens der Schnitzwerke resp. die Bereitung der dazu erforderlichen Farben dort allein bekannt war, so ergründeten sie mit der Zeit auch dieses Geheimnis und waren von nun an in jeder Richtung gefährliche Konkurrenten der Oberammergauer. Immerhin scheint dies mehr den Handel als die Produktion selbst getroffen zu haben. Ersterer kam nämlich gegen Ende des vorigen Jahrhunderts in ganz neue Formen, weil sowohl die Zahl der auswärtigen Firmen mehr und mehr zusammenschmolz als auch der Vertrieb durch Hausieren, der immer noch fortbestanden hatte, jetzt eine starke Abnahme erfuhr, dagegen entstanden im Orte selbst um diese Zeit die ersten Verlagsgeschäfte, welche die Schnitzereien von den einzelnen Schnitzern aufkauften bezw. von ihnen auf Bestellung arbeiten ließen und sie dann nach auswärts verkauften. Es ist dies die auch heute noch herrschende Form des Absatzes. Im laufenden Jahrhundert wurde die Schnitzerei ebenso wie der ganze Ort durch die Revolutions- und Napoleonischen Kriege schwer geschädigt. Erst nach 1818 wurde die Geschäftsstockung überwunden, der Hausierhandel begann von neuem, fremde Käufer aus Krain, Gröden und Pergine kamen, vor allem aber besuchten die Verleger verschiedene Messen und knüpften auch sonst neue Geschäftsverbindungen an, so daß die Schnitzerei bald wieder in Blüte kam und Absatz für ihre Produkte nicht nur in Europa, sondern auch in Amerika fand. Freilich blieben auch jetzt neue Geschäftsstockungen nicht aus, so in den Revolutionsjahren 1848 und 1849, allein sie wurden glücklich überwunden. Ein erneuter Rückgang, der vor etwa 8—9 Jahren eintrat und auf eine bezüglich der Ammergauer Produkte veränderte Geschmacksrichtung zurückzuführen ist, dürfte jetzt infolge der besseren Ausbildung, welche die Schnitzer durch die Fachschule erhalten, und die dadurch bedingten vollkommeneren Leistungen in der Hauptsache überwunden sein, so daß die besseren Arbeitskräfte stets genügende Beschäftigung haben. Immerhin ist hervorzuheben, daß die Anfertigung von Spielwaren, welche früher eine sehr bedeutende Ausdehnung erreichte, fast ganz in Wegfall gekommen ist, da die Konkurrenz der Sonneberger, Nürnberger, bezw. sächsischen Massenproduktion, die zu billigeren Preisen liefern konnte, eine zu große war[1].

Schon vor über 200 Jahren hat das Schnitzereigewerbe eine Organisation erhalten, indem im letzten Viertel des 17. Jahrhunderts eine Bildschnitzereiordnung erlassen ist. Dieselbe war indessen kein Zunftstatut im eigentlichen Sinne, was daraus hervorgeht, daß die Gerichtsgemeinde gegen die ursprüngliche Bezeichnung derselben als Handwerksordnung protestierte und diesem Protest durch Entscheid des kurfürstlichen Hofrats vom 8. August 1681 Folge gegeben wurde. Am 5. Januar 1682 wurde dieser Entscheid dann bestätigt und die Bildschnitzerei als freies Gewerbe mit folgender

[1] Die Schilderung der jetzigen Lage der Schnitzerei beruht hauptsächlich auf Auskünften, die mir bei einem Aufenthalt in Oberammergau von dem Lehrer der dortigen Fachschule sowie verschiedenen Verlegern und Schnitzern in freundlichster Weise gewährt sind.

Motivierung erklärt: „sinthemalen der Supplikanten überraichte arbeith wohl gar für kein Meisterstückh zu halten ist“. Es läßt dies freilich auf keine gar zu große Kunstfertigkeit der damaligen Schnitzer schließen.

Immerhin hat eine wenn auch lockere Organisation bis in die fünfziger Jahre dieses Jahrhunderts bestanden; freilich darf man ihren Einfluß nicht überschätzen, da ihre Hauptbedeutung darin bestanden hat, daß die Schnitzerversammlung über die Zulassung von Lehrlingen zu entscheiden hatte.

Trotz des bereits erwähnten vorübergehenden Rückganges vor einigen Jahren ist die Zahl der mit der Schnitzerei beschäftigten Personen auf etwa 100 anzuschlagen bei einer Bevölkerungszahl von 1246 Seelen am 1. Dezember 1885. Eine Auszählung nach den Zählbogen der letzteren Zählung ergab 82 selbständige Schnitzer, wozu noch 15 teils als Lehrlinge teils als Gehülfen im Hause der Eltern lebende Kinder treten, sowie 6 sonstige Familienmitglieder. Diese Ziffern stimmen also ziemlich genau mit obiger mir an Ort und Stelle mitgeteilter Schätzung. Dagegen scheint gegenüber dem Ende der fünfziger Jahre sich eine Verminderung in der Zahl der Schnitzer zu ergeben, da Daisenberger für diese Zeit angiebt, es seien 62 Hausväter als solche thätig und daneben noch ebensoviel ledige Personen. Heute sind die Leute größtenteils berufsmäßig und ausschließlich Schnitzer, obwohl auch vereinzelt ein Wechsel mit anderen Berufsthätigkeiten vorkommt, z. B. manche zeitweilig als Holzknechte arbeiten. Immerhin werden sich aber durch solchen vorübergehenden Wechsel der Thätigkeit manche Schwankungen in den Ziffern der Beschäftigten ergeben. Der bei weitem größte Teil der Schnitzer ist verheiratet. 1885 war dies mit 73 von den vorhandenen 82 der Fall, einige der übrigen waren verwitwet. 148 Kinder lebten, abgesehen von den bereits im Beruf thätigen, noch im Hause ihrer Eltern. Man kann also immerhin annehmen, daß nahezu ein Drittel der Ortsbevölkerung den größeren Teil ihres Unterhaltes aus der Schnitzerei zog. Zu erwähnen ist noch, daß das Schnitzereigewerbe durchaus auf Oberammergau selbst beschränkt ist. Von allen benachbarten Orten weist nur noch Ettal 1 Schnitzer auf.

Der Absatz der Schnitzwaren wird durch eine kleine Anzahl von im Orte selbst ansässigen Verlegern vermittelt, von diesen haben 7 ein etwas bedeutenderes Geschäft, eins derselben übertrifft wiederum die anderen bei weitem an Umfang. Diese Geschäfte, welche den Absatz nach außen vermitteln, sind durchaus kaufmännische, sie erhalten das fertige Produkt vom Schnitzer. Nur einzelne der kleineren Verleger sind auch gleichzeitig Schnitzer. Hervorzuheben ist, daß zwei Schnitzer ihre Produkte selbständig durch Hausieren besonders in den benachbarten Badeorten verwerten. Von diesen

Ausnahmefällen abgesehen, erhalten die Schnitzer die Arbeitsaufträge vom Verleger und empfangen ihrerseits für die gefertigte Arbeit einen Stücklohn. Selbstverständlich ist dadurch nicht ausgeschlossen, daß nicht in ein oder dem anderen Falle einmal einer von ihnen eine Arbeit selbständig unternimmt in der Hoffnung, sie entweder an einen Verleger oder an durchreisende Sommerfremde verkaufen zu können. Falls es sich um Arbeitsaufträge größeren Umfanges handelt, wird der erforderliche Rohstoff (wohl regelmäßig Holz verschiedener Art) vom Verleger geliefert, während bei kleineren Arbeiten der Schnitzer ihn vielfach selbst beschafft. Die nötigen Werkzeuge dagegen gehören regelmäßig letzteren. Mittelspersonen zwischen den Verlegern und Hausindustriellen sind nicht vorhanden, sondern der geschäftliche Verkehr zwischen beiden ist durchaus ein direkter. Wie aus den oben bereits mitgeteilten Daten hervorgeht, beteiligen sich Familienmitglieder nur in geringem Maße an der gewerblichen Arbeit. Im Orte selbst wurde mir gleichfalls bestätigt, daß auch die Frauen nur vereinzelt dabei beteiligt wären und diese Teilnahme sich gegen früher noch vermindert habe, so daß sie jetzt eigentlich mehr auf gelegentliche kleine Hülfsleistungen beschränkt sei. Dies ist übrigens schon dadurch erklärlich resp. bedingt, daß die meisten Schnitzer nicht nur ihr Gewerbe betreiben, sondern einen kleinen Grundbesitz haben und Jungvieh zum Verkauf aufziehen, ziemlich alle aber ein eigenes Häuschen mit Garten besitzen, auch etwas Vieh für die eigene Wirtschaft halten. Besonders im ersteren Falle wird natürlich die Lage des Schnitzers eine verhältnismäßig recht günstige sein, da durch den Verkauf des Viehes, welches im Sommer anf den Almen weidet, sich für ihn nicht unbedeutende Einnahmen ergeben, in allen Fällen wird aber der Besitz eines eigenen Hauses und die damit verbundene Viehhaltung ihn über den einfachen Lohnarbeiterstand emporheben, da er nicht nur durch diesen, wenn auch bescheidenen, Besitz sich in relativ unabhängiger Lage befindet, sondern auch speciell die Ernährung durch den aus der eigenen Wirtschaft gelieferten Zuschuß eine bessere und reichlichere sein kann. Hier und da wird auch durch Vermietung von Zimmern an Sommerfremde eine Einnahmequelle entstehen.

Die Nahrung der Schnitzer ist im allgemeinen die einfache, aber kräftige der oberbayerischen Landbevölkerung, die freilich Fleischspeisen meist nur an Feiertagen genießt, dafür aber reichliche Mengen von Milch- und Mehlspeisen. Ist sie in unserem Falle vielleicht etwas weniger reichlich und kräftig als die der anderen Arbeiter des Ortes, z. B. der Wegearbeiter und Holzknechte, so ist dagegen in Betracht zu ziehen, daß auch die Arbeit des Schnitzers eine die Kräfte weniger anstrengende ist. Als eine besonders günstige Wirkung des eigenen Besitzes ist noch hervorzuheben, daß die damit verbundenen landwirtschaftlichen Arbeiten eine gewisse Abwechselung in die Thätigkeit bringen und dadurch manche der schädlichen Folgen einseitiger industrieller Arbeit vermieden werden. Die Wohnungen der Schnitzer sind im allgemeinen nicht groß, aber mäßigen Anforderungen in Bezug auf Gesundheit entsprechend.

Die Zählung von 1885 weist neben den beschäftigten Familienmitgliedern noch fünf Lohnarbeiter bei Schnitzern nach. Aller Wahrscheinlichkeit sind diese von kleinen Verlegern beschäftigt, welche nach den Angaben der Zählbogen nicht immer mit Sicherheit auszuscheiden waren. Als Rohstoff kommt vor allem Holz in Frage, welches, soweit es in der Umgegend wächst, von dort bezogen wird und zwar im allgemeinen zu der Forsttaxe, die indessen oft noch eine Ermäßigung erfährt; andere Hölzer, die dort nicht mehr gedeihen, z. B. Lindenholz, werden aus München bezogen.

Angefertigt werden Figuren und zwar sowohl religiöser Art als auch Genre, Tierstücke, Galanteriearbeiten, auch stilisierte Möbel und Möbelteile sowie Nippsachen, während die Herstellung von Spielwaren, wie schon erwähnt, fast ganz aufgehört hat. Die Verkaufspreise sind natürlich je nach der Ware und dann wieder nach der Qualität derselben außerordentlich verschieden. Während speciell die Preise für gewöhnliche Gegenstände in der Neuzeit etwas infolge der starken Konkurrenz gesunken sind, haben sich diejenigen für bessere, mehr künstlerisch hergestellte Sachen eher gehoben, was wiederum im allgemeinen eine Steigerung der Qualität der Leistungen zur Folge gehabt hat. Einige auf religiöse Figuren bezügliche Preisangaben, welche ich einem selbstschnitzenden Verleger verdanke, mögen ein ungefähres Bild der herrschenden Mannigfaltigkeit der Produkte darbieten und zugleich auch Aufschluß über den ungefähren Verdienst der Schnitzer geben.

Gegenstand der Darstellung, Größe und Qualität.	Verkaufspreis.	Lohn des Schnitzers.
Kruzifix aus Birnholz, 5 Zoll groß	1,70 Mark	1,50 Mark
„ gothisch, 4 „ „	2,00 „	1,75 „
Christus aus Eichenholz, feinste Arbeit	40,00 „	34,00 „
Postament mit Christus aus Stechapfelholz	4,50 „	3,80 „
Darstellung des guten Hirten, farbig	13,00 „	10,40 „
Christus, feinste Arbeit, 12 Zoll groß	8,00 „	6,50 „

Zur Herstellung der letzterwähnten Christusfigur ist nach Angabe meines Gewährsmannes eine 3tägige Arbeit von etwa je 11 Stunden abzüglich der nötigen Eß- und sonstigen Pausen erforderlich. Die Verkaufspreise der kleineren Gegenstände sind Engrospreise. Bei den Kruzifixen aus Birnholz muß der Schnitzer das Holz selbst liefern.

In den Absatzgebieten und Absatzverhältnissen haben sich auch in neuerer Zeit infolge der lebhaften Konkurrenz nicht unbedeutende Veränderungen vollzogen; früher wichtige Absatzgebiete, z. B. St. Petersburg, Madrid, Lissabon, sind vollständig oder nahezu verloren gegangen; dagegen findet ein starkes Kommissionsgeschäft z. B. nach Paris statt. Auch durch Beschickung von Ausstellungen ist in neuerer Zeit der Absatz nicht unwesentlich gesteigert. Die größeren Verleger haben meist ziemlich bedeutende Lager und verschicken auf Bestellung. Ein Verlagsgeschäft hat einen Reisenden. Religiöse Gegenstände werden viel nach Schlesien, Baden, Württemberg und Hannover auf Bestellung verschickt. Ein nicht geringer Absatz dürfte auch durch den Detailverkauf im Orte selbst an durchreisende Fremde erzielt werden.

Der Lohn des Schnitzers ist durchweg Stücklohn und gestaltet sich je nach Art und Qualität des Produktes sehr verschieden, so daß der Tagesverdienst zwischen 2—6 Mark schwankt, wobei indessen die niederen Sätze die Regel bilden und die höchsten wohl nur ganz ausnahmsweise vorkommen, was sich schon aus der obigen Tabelle ergiebt. Der Lohn wird durchaus in Geld gezahlt und zwar in der Regel bei Ablieferung der Arbeit an den Verleger, doch werden bei größeren mehr Zeit in Anspruch nehmenden Arbeiten auch Vorschüsse gewährt. Halten von Spezereiläden und Wirtshäusern durch die Verleger kommt nicht vor.

In vorzüglicher Weise ist schon seit geraumer Zeit für die Ausbildung der Schnitzer in ihrer Kunst gesorgt. Bereits seit dem ersten Viertel dieses Jahrhunderts ist eine Zeichen- und Modellierschule vorhanden, der durch die 1830 erfolgte Bildung einer Zeichenunterrichtsstiftung noch besondere Mittel zur Erreichung ihres Zweckes zuflossen. Im Jahre 1878 wurde noch des weiteren eine Schnitzschule als Gemeindeanstalt ins Leben gerufen, nachdem erstere Anstalt bereits 1869 als Filialschule der Distrikts-Zeichen- und Schnitzschule zu Partenkirchen organisiert war, und in ihr seitdem in 3 Kursen Unterricht im Freihand- und Linearzeichnen sowie im Modellieren erteilt wurde. Seit dem Jahre 1887 sind beide Anstalten zu einer selbständigen Fachschule vereinigt, welche aus Staats- bezw. Kreismitteln eine Unterstützung erhält. Von derselben wird alljährlich auch eine Ausstellung von Schularbeiten veranstaltet. Hervorzuheben ist noch, daß die Schule im Gegensatz zu der Partenkirchner keinen Geschäftsbetrieb hat, also den Schnitzern resp. Verlegern keine Konkurrenz bereitet. Seitens der Verleger wird die Ausbildung der Schüler dadurch nicht unwesentlich gefördert, daß sie von den besseren Talenten unter denselben nicht selten künstlerische Arbeiten anfertigen lassen, auch wenn für solche kein direkter Absatz vorhanden ist. Auch der später zu erwähnende St. Lukasverein kommt hier insofern in Betracht, als er einen Teil seiner Mittel zur Ausbildung junger Leute in der Schnitzkunst verwendet, ferner aber das für die Unterrichtszwecke erforderliche Rohmaterial an Holz beschafft. Auch die Distrikts-Zeichen- und Schnitzschule zu Partenkirchen, die später einer Besprechung zu unterziehen ist, kommt als Distriktsanstalt für Oberammergau in Betracht.

Die Beschäftigung der Schnitzer ist im ganzen eine gleichmäßige und haben die besseren Arbeiter vor allem nie Mangel an solcher, wenn auch hier und da einmal Veränderungen in der Mode vorübergehende Störungen hervorrufen. Eine bestimmte Dauer der Arbeitszeit läßt sich kaum ermitteln, dieselbe ist je nach der Jahreszeit und dem Umfange des landwirtschaftlichen Betriebes eine sehr verschiedene; jedoch läßt sich mit Sicherheit behaupten, daß eine übermäßige Ausdehnung derselben nicht vorkommt. Frauenarbeit kommt, wie schon bemerkt, nur gelegentlich und in geringerem Umfange, Arbeit schulpflichtiger Kinder gar nicht vor. Als Arbeitsräume werden in der Regel die Wohnräume mitbenutzt, was indessen, da die letzteren genügend sind und durch die Vornahme der Arbeit in ihnen eine Gesundheitsschädigung kaum erfolgen kann, nicht als ungünstig zu betrachten ist. Ob freilich die betreffenden Räume ebenso wie die etwaigen sonstigen Wohnräume in Bezug auf Temperatur und Ventilation immer allen hygieinischen Anforderungen entsprechen, läßt sich wohl billig bezweifeln, allein es ist zu berücksichtigen, daß solche Mängel hier kaum ins Gewicht fallen, da ja durch mannigfache Arbeit in freier Luft ein Gegengewicht geschaffen wird und auf alle Fälle die betreffenden Verhältnisse sich unendlich viel günstiger gestalten, als z. B. dies bei städtischen Arbeitern oder auch bei vielen Arbeitern ländlicher Hausindustrieen in anderen Gegenden der Fall ist. Jedenfalls sind besondere Mißstände bezüglich der Gesundheitsverhältnisse speciell bei den Schnitzern nicht festzustellen, besondere auf ihren Gewerbebetrieb oder ihre wirtschaftlichen Verhältnisse zurückzuführende Krankheiten kommen nicht unter ihnen vor. Auch die Sterblichkeit unter den Schnitzern sowie ihren Angehörigen scheint sich im Verhältnis zu der übrigen Bevölkerung nicht ungünstig zu gestalten, wenigstens waren unter den 117 Todesfällen [1], welche in den 4 Jahren von 1884—87 in Oberammergau vorkamen,

[1] Die auf die Jahre 1884—1887 bezüglichen bevölkerungsstatistischen Daten sind von mir nach dem Urmaterial des Königl. Bayr. statistischen Bureaus berechnet, dessen Vorstand mir die Einsicht desselben freundlichst gestattete, sonstige derartige Daten sind, soweit nicht etwas anderes angegeben ist, den Publikationen des genannten Bureaus entnommen.

nur 29, die auf die Schnitzerbevölkerung fielen, also sehr wenig. Freilich wird man aus so kleinen Zahlen keine zuverlässigen Schlüsse ziehen können, um so weniger weil die Sterblichkeit in jenen Jahren eine besonders geringe gewesen zu sein scheint, wenigstens weisen die 8 vorhergehenden Jahre 309 Todesfälle auf, also verhältnismäßig bedeutend mehr, selbst wenn man berücksichtigt, daß die Bevölkerung in den letzterwähnten Jahren etwas größer gewesen zu sein scheint, da die Zählung von 1875 1226, jene von 1880 1346 Seelen ergab, jene von 1885 aber nur 1246 Einwohner. Auch die Verteilung der Sterblichkeit auf die einzelnen Altersklassen ist durchaus nicht als ungünstig zu bezeichnen, wie die nachfolgende kleine Tabelle beweist, die sich wiederum auf die Jahre von 1884—1887 bezieht.

Lebensalter der Gestorbenen.

Lebensjahre	0—1	1—5	5—20	20—50	50—70	über 70	Summa
Schnitzer und Angehörige	6	—	4	5	6	8	29
Sonstige Bevölkerung	22	9	1	6	20	30	88
Insgesamt	28	9	5	11	26	38	117

Unter den Verstorbenen aus der Schnitzerbevölkerung befanden sich 7 männliche Personen im Alter zwischen 15 und 70 Jahren, also vermutlich arbeitende. Alle diese Zahlen weisen nun, soweit sie sich auf die Schnitzer beziehen, nichts besonders Auffallendes auf. Die Kindersterblichkeit ist freilich eine hohe, jedoch nicht über den Durchschnitt hinausgehende. Auffallend ist dagegen jedenfalls die hohe Zahl der Personen, die erst nach Überschreitung des siebenzigsten Lebensjahres verstorben sind, freilich ist dieses hohe Alter bei den Schnitzern verhältnismäßig weniger oft erreicht. Immerhin ist aber der Unterschied bei der Kleinheit der Zahlen nicht bedeutend genug, um daraus Schlüsse ziehen zu können. Unter jenen 38 in höherem Alter verstorbenen Personen haben sogar 11, davon 3 Schnitzer, das achtzigste Lebensjahr überschritten. Sechs der Kinder, welche das erste Lebensjahr nicht vollendeten, waren uneheliche, während noch ein solches vor Vollendung des fünften Lebensjahres starb. Die Sterblichkeit ist selbstverständlich in den einzelnen Jahren sehr verschieden, das Maximum der jährlichen Todesfälle des gesamten zwölfjährigen Zeitraumes fällt mit 58 auf das Jahr 1876, das Minimum mit nur 26 in das Jahr 1884.

Die Zahl der Geburten betrug von 1876—1883 429, darunter 60 außereheliche, in den Jahren 1884—1887 dagegen nur 151, worunter sich 24 uneheliche befanden; unter den in der letzten Periode Geborenen befanden sich 38 eheliche Schnitzerskinder, während 2 außereheliche von Schnitzerstöchtern geboren sind. Auch hier weisen die einzelnen Jahre außerordentliche Verschiedenheiten auf, das Maximum mit 68 Geburten fällt in das Jahr 1881, das Minimum mit nur 30 in das Jahr 1884; auch die Zahl der unehelichen Geburten schwankt zwischen 11 und 3 in den gleichen Jahren.

Ehen wurden von 1884—87 im ganzen 38 geschlossen, bei 11 derselben war der Ehemann Schnitzer. Das Lebensalter der Eheschließenden giebt die folgende Tabelle an:

Altersklasse	unter 20	20—25	25—30	30—35	35—40	40—45	45—50	über 50 J.
I. Bei allen Ehen								
Männer	—	7	8	12	5	2	2	2
Frauen	2	17	8	6	2	1	2	—
II. Bei den Ehen der Schnitzer								
Männer	—	5	—	2	3	—	—	1
Frauen	—	6	2	2	—	—	1	—

Der Altersunterschied der Ehegatten gestaltet sich derartig, daß bei 30 Ehen, worunter 7 Schnitzerehen, der Mann älter war als die Frau. Bei letzteren betrug in 2 Fällen der Altersunterschied zwischen 1 und 5 Jahren, in 3 5—10 Jahre, in den letzten 2 Fällen dagegen mehr als 10 Jahre. Von den 8 Ehen, bei denen die Frau älter war als der Mann, fielen 4 auf Schnitzer, die sich gleichmäßig auf die 3 erwähnten Klassen und die zwischen 0 und 1 Jahr liegende verteilen. In den 8 Jahren zwischen 1876 und 1883 betrug die Gesamtzahl der Eheschließungen 70. Die Minimalzahl eines Jahres der ganzen Periode fällt mit 4 Ehen in das Jahr 1882, das Maximum von 14 in das Jahr 1877. Selbstverständlich verbietet die Kürze der beobachteten Periode und die dadurch bedingte Kleinheit der Ziffern auch hier, irgend welche Schlüsse aus letzteren zu ziehen, und wird man höchstens auf Grund derselben die Vermutung aussprechen dürfen, daß die Berufsthätigkeit und wirtschaftliche Lage der Schnitzer keine wesentlichen Abweichungen bezüglich der Eheschließung im Vergleich zu der übrigen Bevölkerung mit sich bringen. Genauere Daten über die durchschnittliche Kinderzahl der Ehen zu ermitteln war leider nicht möglich, doch scheint auch hier sich keine Abweichung von den durchschnittlichen örtlichen Verhältnissen zu ergeben.

Wenn man die Zahl der außerehelichen Geburten als Maßstab für die Moralität betrachten will, so würde das Urteil in dieser Richtung ja über die ganze oberbayrische und auch speciell die dortige Gebirgsbevölkerung recht ungünstig ausfallen, da diese Ziffer dort sehr groß ist. Speciell sind indessen die circa 14,5 % aller Geburten, welche sich im Durchschnitt der Jahre 1876—87 an unehelichen für Oberammergau ergeben, als hinter dem allgemeinen Prozentsatz jener Gegenden zurückbleibend anzusehen. Ob der Anteil der Schnitzerbevölkerung daran größer oder geringer ist, ließ sich statistisch nicht feststellen, jedoch können wir annehmen, daß sowohl in diesem Falle als auch bezüglich der Trunksucht sich keine wesentlichen Unterschiede zwischen den Schnitzern und der übrigen Bevölkerung ergeben. Es ist dies auch das Urteil eines genauen Kenners der dortigen Verhältnisse, welcher freilich dabei betont, daß früher die Leichtlebigkeit eine größere gewesen sei, während jetzt die höheren Anforderungen, welche die gewerbliche Arbeit an den einzelnen stelle, und auch der zeitweilig geringer gewesene Verdienst aus derselben eine stärkere Zurückhaltung bewirkt hätten. Immerhin wird aber festzuhalten sein, daß wenn auch von einer eigentlichen Immoralität nicht die Rede ist, doch bei der gesamten Bevölkerung sowohl als speciell auch bei den Schnitzern Neigung zu Genüssen aller Art vorhanden ist, aber weiter durch genügenden Verdienst aus der industriellen Arbeit, zu dem fast immer noch Einnahmen aus eigenem Besitz hinzukommen, sich die Mittel zur Befriedigung derselben darbieten. Zu betonen ist, daß diese Genüsse durchaus nicht ausschließlich materieller Art sind; zur Bekräftigung dieses braucht wohl nur daran erinnert zu werden, daß Oberammergau der Ort ist, in dem alle 10 Jahre die weltberühmten Passionsspiele von der Bevölkerung aufgeführt werden.

Mit dieser günstigen Auffassung von der wirtschaftlichen Lage der Bevölkerung scheint es aber in Widerspruch zu stehen, wenn von sachkundiger Seite die Armenlast als sehr hoch geschildert wurde, wobei freilich auch zugleich betont wurde, die Größe dieser Last werde besonders bedingt durch Unterstützungen an in der Fremde befindliche Personen. Allein wenn die Armenrechnung des Jahres 1887 nur 10 unterstützte Personen aufweist und die Unterstützungssumme sich in den letzten Jahren um je 1800 Mark bewegt hat, von denen 6—700 Mark seitens der Gemeinde zugeschossen sind, wird man die Armut doch nicht als sehr bedenklich anzusehen haben und jene Ansicht als zu schwarzseherisch bezeichnen können.

Wir haben bereits verschiedene Einrichtungen kennen gelernt, welche speciell durch Förderung der Ausbildung die Lage der Schnitzer zu verbessern suchten; neben diesen verdient es auch eine Erwähnung, daß der bereits genannte St. Lukas- oder Schnitzlerverein auch noch anderweitig den Zweck hat, denselben Unterstützung zu teil werden zu lassen. Dieser Verein ist im Jahre 1836 gegründet, um unverschuldet hülfsbedürftig gewordenen Schnitzern Beihülfe zu gewähren; nachdem im Jahre 1850 ein Königliches Geschenk es bereits ermöglicht hatte, seine Thätigkeit in früher besprochener Weise zu erweitern, ist er im Jahre 1887 reorganisiert worden, um wirksamere Beihülfe gewähren zu können. Die Beiträge, welche früher 20 Pfg.

vierteljährlich betrugen, sind auf 10 Pfg. wöchentlich erhöht worden, und hofft man nun speciell die Krankenunterstützung reichlicher gewähren zu können, indem von jetzt an den Kranken 25 Tage lang je 1 Mark, bei länger dauernden Krankheiten für die spätere Zeit 50 Pfg. täglich gezahlt werden sollen.

Das Bild, welches sich uns im vorstehenden von der Lage der Schnitzerei zu Oberammergau geboten hat, kann im ganzen als ein günstiges bezeichnet werden; freilich hat der Absatz der Produkte mit einigen Schwierigkeiten zu kämpfen, die Konkurrenz ist in einzelnen früheren Produktionszweigen sogar übermächtig geworden, aber man hat demgegenüber den richtigen Weg betreten, die Industrie zu erhalten, ja zu heben, indem man anstrebt, die Leistungen zu vervollkommnen, ihnen den Charakter der kunstgewerblichen Produktion zu wahren oder zu geben; auch die Mittel hierzu sind durch Verbesserung des Unterrichts in richtiger Weise gewählt, und sind Staat, Gemeinde und Interessenten hierbei Hand in Hand gegangen, so daß man hoffen kann, es werde diesen vereinten Bemühungen gelingen, die Produktion und den Absatz zu erhalten, ja zu erweitern. Wünschenswert wäre es hierzu vielleicht, daß noch reichlichere Geldmittel, einerseits zu noch weiterer Vervollkommnung des allgemeinen Unterrichts, andererseits um Stipendien für bedeutendere Talente zur Ergänzung ihrer Ausbildung durch Besuch anderer Produktionsstätten gewähren zu können, flüssig gemacht würden.

Die sociale Lage der Schnitzer selbst ist als eine so günstige zu bezeichnen, besonders im Vergleich mit anderen Hausindustriellen, daß man die Aufrechterhaltung des damaligen Zustandes nur wünschen kann. Freilich werden die relativ hohen Löhne, die sie beziehen und die diese günstige Lage mitbewirken, andrerseits als Verteuerung der Produktion sich geltend machen und die Konkurrenzfähigkeit der Industrie einschränken, aber sicher ist zu wünschen, daß dieselben wenigstens auf der bisherigen Höhe bleiben, und ist der Weg, der Konkurrenz durch verbesserte Leistungen, nicht aber durch Verringung der Löhne zu begegnen, unzweifelhaft als der richtige zu bezeichnen.

2. Die Kunstschreinerei und Schnitzerei zu Garmisch und Partenkirchen.

Während wir in der Holzschnitzindustrie zu Oberammergau einen seit Jahrhunderten im Orte geübten Erwerbszweig von bedeutender Ausdehnung kennen gelernt haben, ist dieselbe in zwei anderen Orten des Bezirksamtes Garmisch, nämlich in Garmisch selbst und dem benachbarten Partenkirchen, erst in neuerer Zeit eingeführt worden und freilich auch erst in geringerem Umfange verbreitet.

Seit 1869 ist nämlich in Partenkirchen eine Distrikts-Zeichen- und Schnitzschule errichtet worden, um die im Distrikte seit Jahrhunderten volkstümliche Holzschnitzerei zu fördern[1]; speciell sollte diese Hauptschule, neben der noch Filialschulen errichtet wurden, den im Zeichnen vorgebildeten Distriktsangehörigen Gelegenheit bieten, die höhere Schnitztechnik zu erlernen, sowie praktisch auszuüben. Für Errichtung der Hauptschule in Partenkirchen statt in Oberammergau, wo die Industrie eben seit Jahrhunderten verbreitet war, ist wohl der Umstand maßgebend gewesen, daß der größere Doppelort Garmisch-Partenkirchen Distriktshauptort ist und als solcher besonders geeignet zur Errichtung einer Distriktsanstalt erschien, vor allem aber sicher die Hoffnung, durch die Schule in den beiden Orten einen neuen Erwerbszweig einzubürgern. Letztere Absicht ist nun auch in gewisser Weise erreicht worden, indem nicht nur der mit der Schule verbundene Betrieb einen bedeutenden Umfang erreicht hat und dadurch, auch abgesehen von den in ihr beschäftigten eigentlichen Schülern, einer Anzahl von Arbeitern Unterhalt gewährt wird, sondern auch eine wenn auch vorläufig noch kleinere Zahl — in Partenkirchen 2, in Garmisch 5 — von Schnitzerei- bezw. Kunstschreinereibetrieben entstanden ist.

Die Schule umfaßt zunächst einen Vorbereitungskurs von einjähriger Dauer, in dem Schüler der Volksschule einen wöchentlich vierstündigen Unterricht im Freihandzeichnen erhalten. Der Ausbildungskurs für ständige Schüler ist von dreijähriger Dauer, den drei Abteilungen entsprechend. Unterrichtsgegenstände sind Linear- und Ornamentzeichnen, Modellieren in Thon und Wachs, endlich Schnitzen nach einfachen und reicheren Gypsvorbildern sowie nach Zeichnungen. Die wöchentliche Stundenzahl beträgt in jedem Kurs 50, von denen je 30, 34 und 42 auf Schnitzunterricht, je 8, 8 und 4 auf das Modellieren, der Rest auf den Zeichenunterricht entfallen. Nach Beendigung des Ausbildungskurses treten die Schüler der Anstalt in die Werkstätte über, in der sie mit der Ausführung aller von derselben übernommenen Aufträge an Schnitzarbeiten beschäftigt werden; daneben wird Zeichnen und Modellieren noch weiter fortgeübt. Etwaige Schreinerarbeiten werden unter Mitwirkung des der Werkstätte beigegebenen Oberschreiners

---

[1] Siehe die Satzungen der Distrikts-Zeichen- und Schnitzschule zu Partenkirchen. Zugleich will ich dankend hervorheben, daß die folgende Schilderung zum großen Teile auf Auskünften beruht, die mir vom Vorstande dieser Schule freundlichst gewährt sind.

ausgeführt. Die Arbeitszeit in der Werkstätte ist die ortsübliche 10stündige, und wird in ihr das ganze Jahr hindurch fortgearbeitet, während die Lehrkurse das gleiche Schuljahr wie die Volksschulen haben. Der Geschäftsbetrieb ist ein sehr umfangreicher, ein Prospekt der Anstalt empfiehlt ihr Lager von Holzschnitzereien jeder Art, Lüster, Handtuchhalter, Blumenständer, Kassetten, Kreuze, Rahmen u. s. w. Außerdem werden vollständige Zimmereinrichtungen sowie einzelne Möbel geliefert. Mit der Schule ist ein Ausstellungslokal verbunden, in dem eine permanente Ausstellung von eigenen Produkten derselben sowie eventuell auch anderer Produzenten stattfindet. Außerdem hat sie noch ein eigenes Verkaufslokal im Orte selbst, welches indessen nur im Sommer geöffnet ist.

Die ständigen Schüler des Ausbildungskurses erhalten bereits für von ihnen angefertigte Arbeiten, die sich zum Verkauf eignen, eine Vergütung. Jedoch wird eine solche erst nach einjährigem Schnitzunterricht gewährt und beträgt dann im zweiten Unterrichtsjahre nicht über $^1/_3$, im dritten nicht über $^2/_3$ des Arbeitswertes. Die in der Werkstätte beschäftigten Schüler erhalten dagegen den vollen Arbeitswert mit 1,50 Mk. Das verwendete Rohmaterial wird, soweit es sich um Nußbaum und Eichenholz handelt, von auswärts bezogen und sind für dasselbe die Münchener Preise maßgebend; Apfel-, Birnen- und Lindenholz wird dagegen am Orte gekauft und sind hierfür die Preise verhältnismäßig etwas billiger.

Der Absatz der Produkte erfolgt überwiegend am Orte selbst und ist infolge der vielen Sommergäste ein guter; nach außen wird nur auf Bestellung verschickt, doch fehlt es auch an solchen nicht, teils infolge des erwähnten Umstandes, teils infolge der Beschickung verschiedener Ausstellungen. Naturgemäß ergiebt sich hieraus, daß im Sommer und Herbst reichlicher zu thun ist als im Winter und Frühjahr.

Die Anstalt ist indessen nicht allein Lehranstalt, sondern sie soll noch weiter zur Förderung des Gewerbes dienen, indem nicht nur alle früheren Schüler derselben, sowie alle Gewerbsmeister des Distrikts die Lehrmittel derselben unentgeltlich benützen können, sondern auch selbstgefertigte Gegenstände im obenerwähnten Ausstellungslokale ausstellen dürfen; werden diese verkauft oder vom Schulvorstande Arbeitsaufträge an Distriktsangehörige überwiesen, so ist eine Provision an die Schulkasse zu zahlen. Auch soll das Lehrpersonal der Anstalt Entwürfe oder Arbeiten beurteilen oder korrigieren, für Anfertigung neuer Modelle oder Entwürfe ist demselben jedoch Entschädigung zu gewähren. Der Aufwand der Schule wird zum Teil aus eigenen Mitteln, überwiegend jedoch aus Zuschüssen des Distrikts, des Kreises (für 1889 z. B. mehr als 9100 Mark) und des Staates bestritten.

Es ist unbestreitbar, daß die Schule als wesentliches Förderungsmittel der Schnitzerei schon Vortreffliches gewirkt hat, allein ein Zweck derselben ist, wie bereits erwähnt, nur unvollkommen erreicht, die Kunstschreinerei und Schnitzerei hat außerhalb derselben nur wenig Boden in Garmisch und Partenkirchen gefaßt. Nicht mit Unrecht wird dies darauf zurückgeführt, daß die Anstalt nicht ausschließlich Lehranstalt ist, sondern zugleich Geschäftsbetrieb hat und so infolge ihres Staatszuschusses als übermächtige Konkurrentin den anderen Gewerbtreibenden gegenübertritt. Infolgedessen wird seitens der Interessenten jetzt eine Beseitigung des Geschäftsbetriebes der Schule angestrebt, wie dies anderwärts bereits durchgeführt ist, und hofft man dadurch den privaten Unternehmungen einen größeren Aufschwung und größere Verbreitung zu geben. Wenn nun auch ein günstiger Erfolg in dieser Richtung kaum zu bezweifeln ist, so würde doch andererseits voraussichtlich als Schattenseite der Maßregel schwer ins Gewicht fallen, daß in diesem Falle die Gründlichkeit der Ausbildung geschädigt würde, die technische Übung der Zöglinge leiden müßte, wofür sich zur Zeit, bei dem geringen Umfange der privaten Unternehmungen am Orte, auch durch eine praktische Lehrzeit kein Ersatz schaffen ließe.

Was die zur Zeit vorhandenen privaten Schnitz- und Kunstschreinergeschäfte betrifft, so sind dieselben als Handwerksbetriebe zu bezeichnen, da die Unternehmer regelmäßig einige Lohnarbeiter als Gehülfen in ihrem Geschäftslokale beschäftigen. Bezüglich ihrer Produktion und ihres Absatzes gilt das bereits Gesagte. Der Lohn der Gehülfen beläuft sich auf 2—3 Mk. täglich. Derselbe ist überwiegend Tagelohn, jedoch kommt auch vereinzelt Stücklohn in Betracht. Vor einigen Jahren war Mangel an tüchtigen Gehülfen, doch hat sich dies gebessert. Die Lage der Schnitzer ist im ganzen eine etwas bessere als die der Schreiner, da sie fast immer auch im Winter genügend Arbeit haben. Frauen- und Kinderarbeit kommt nicht vor. Wohnung und Ernährung sind als günstig zu bezeichnen. Die Arbeitsräume sind gleichfalls genügend.

3. Die Instrumentenmacherei zu Mittenwald.

Verfolgen wir die Straße, welche uns von Oberammergau nach Partenkirchen geführt hat und die zugleich die alte Handelsstraße von Augsburg nach Tirol resp. Italien ist, in südöstlicher Richtung weiter, so gelangen wir in $2^1/_2$—3 Stunden nach dem Marktflecken Mittenwald und damit zu einem weiteren Sitze einer bedeutenden Hausindustrie.

Freilich ist die Industrie[1] nicht die Veranlassung zu der frühen Blüte des Ortes gewesen, als deren Zeugen noch heute eine Anzahl von stattlichen Gebäuden erhalten ist; diese verdankt Mittenwald vielmehr seiner Eigenschaft als mittelalterlicher Handels- und Stapelplatz, besonders in der Zeit nach 1487, denn in diesem Jahre verlegten die Venetianer infolge eines Streites mit Erzherzog Sigmund den großen Botzener Markt nach Mittenwald und dieses bildete nun denjenigen Punkt, wo der Verkehr zwischen Venedig und den oberdeutschen Handelsplätzen sich vollzog. Eine hohe Blüte war die Folge für Mittenwald, und wenn auch manche Störungen kamen, so hielt dieselbe im ganzen 192 Jahre an, bis nämlich im Jahre 1679 der Markt wieder nach Botzen zurückverlegt wurde. Dies war ein harter Schlag für Mittenwald, denn auch der Verkehr auf der alten Straße hatte sich vielfach auf neue Wege gezogen und die Industrieen, welche zum Teil infolge des lebhaften Marktverkehrs sich entwickelt hatten, verfielen mit seinem Aufhören.

Allein wenn auch die bisherigen Erwerbsquellen versiegten, so sollte Mittenwald doch bald einen Ersatz finden, der noch bis in die heutigen Tage seine Bedeutung bewahrt hat und noch jetzt den meisten Einwohnern des Fleckens sicheren Unterhalt verschafft. Am 11. Juni 1653 wurde nämlich zu Mittenwald Matthias Klotz geboren, der Begründer der dortigen Geigenmacherei. Es war dies dieselbe Zeit, in der in Italien an verschiedenen Orten die Kunst des Geigenmachens in höchster Blüte stand; nach Mittenwald, welches sich ja mit Italien damals noch im lebhaftesten Handelsverkehr befand, war nun sicher auch hiervon eine Kunde gelangt, und nichts war naheliegender, als daß in Klotz Vater der Gedanke erwachte, seinen Sohn diese Kunst lernen zu lassen. Bestärkt wurde er jedenfalls noch dadurch in seinem Entschlusse, daß im benachbarten Absam ein berühmter Geigenmacher Jakob Stainer wohnte, der auch darauf hinwies, daß die benachbarten Berge geeignetes Holz in Menge boten. Der Gedanke gelangte bald zur Ausführung, denn bereits 1663 kam Matthias Klotz zu Nikolo Amati in Cremona in die Lehre; bald gehörte er zu dessen besten Schülern und kehrte, nachdem er mannigfache Abenteuer erlebt hatte, nach 20jähriger Abwesenheit mit reichen Kenntnissen und großer Erfahrung in seine Heimat zurück in der Absicht, hier eine Geigenmacherschule zu gründen.

---

[1] Die historischen Daten sind der „Chronik des Marktes Mittenwald“ von J. Baader entnommen. Es giebt auch andere Versionen über die Entstehung der Geigenmacherei, doch scheint die Darstellung Baaders, der einer Mittenwalder Verlegerfamilie entsprossen ist, die vertrauenswürdigste.

Die Ausführung dieses Gedankens ist von Erfolg gekrönt gewesen und Klotz fand bald zahlreiche Schüler. Nicht wenig hat hierzu sicher die erwähnte Verlegung des Botzener Marktes beigetragen, durch welche viele Leute im Orte arbeitslos geworden waren. Hierzu kam, daß Mittenwald vor anderen Produktionsorten den Vorzug hatte, das nötige Holz in nächster Nähe zu haben. Der Vertrieb der Produkte erfolgte in jenen Zeiten hauptsächlich auf dem Wege des Hausierhandels, und zwar waren es meist die Geigenmacher selbst, die ihre angefertigten Instrumente in großen Butten in die Welt hinaustrugen, freilich nicht weit, denn das benachbarte Bayern, Tirol, die Schweiz, höchstens die Messen von Frankfurt a. M. und Leipzig, waren in der Regel ihr Ziel. Reichlichen Absatz fanden sie vor allem schon in den vielen Klöstern der Nachbarschaft; Ettal, Steingaden, Wessobrunn, Benediktbeuern, Schlehdorf u. s. w. bildeten die ersten Rastorte auf ihren Wanderungen und bereits hier wurden ihre Butten meist wesentlich leichter. Auf diese Weise bewegte sich Betrieb und Handel fast 1½ Jahrhunderte in einfachen Formen weiter, nur das dürfte schon aus dieser Zeit hervorzuheben sein, daß bereits damals einzelne Mittenwalder Geigenmacher sich in der Fremde ansiedelten, um dort ihre Kunst auszuüben.

Um die Mitte des 18. Jahrhunderts indessen fing man an Versuche zu machen, den Absatz zu erweitern. Einzelne unternehmende Männer, besonders die Begründer der heute noch existierenden beiden einzigen Verlegerfirmen, fingen an Geschäftsreisen in das Ausland zu machen. Nicht immer waren diese Reisen von Erfolg begleitet, jedoch gelang es der Ausdauer der Betreffenden nach und nach, der Mittenwalder Industrie weite Absatzgebiete zu erringen. Großbritannien, Rußland, Nord- und Südamerika wurden jetzt von dort aus mit Streichinstrumenten aller Art versehen. So sehr nun hierdurch zu einer Steigerung der Produktion Anlaß gegeben war und der Verdienst der Geigenmacher sich im ganzen hob, so sehr wurde dadurch doch anderseits auch ihre ganze Lage im ungünstigen Sinne beeinflußt, der Hausierhandel mit eigenen Produkten kam immer mehr in Abnahme und das ganze Geschäft wurde zunächst in kaufmännischer Weise von den Verlegern betrieben, die den einzelnen Geigenmachern ihre Produkte abnahmen. Waren die letzteren schon hierdurch sehr abhängig von den ersteren geworden, so steigerte sich dies Verhältnis noch mehr dadurch, daß die Verleger allmählich anfingen ihnen das Rohmaterial zu liefern und eine weitgehende Arbeitsteilung bei der Instrumentenverfertigung Platz griff.

Eine zünftige Organisation ist, soweit zu ermitteln, nie vorhanden gewesen, auch haben specielle Reglements für die Geigenmacherei gleichfalls nicht existiert.

Wenn auch in neuerer Zeit die Konkurrenz auf dem Gebiete der Instrumentenanfertigung stärker geworden ist und die Mittenwalder Industrie nur mit Anstrengung ihren Absatz zu behaupten vermag, so bildet sie doch noch immer für die dortige Bevölkerung einen Haupterwerbszweig, ja ihre Bedeutung geht bei weitem über den lokalen Rahmen hinaus. Mehr als zweihundert Personen sind in derselben thätig[1]. Nach der Zählung von 1885 hatte Mittenwald 1731 Einwohner. Verlagsgeschäfte waren 2 vorhanden; von diesen beschäftigte das eine größere, welches circa ²/₃ des Absatzes vermittelt, gegen 10 Arbeiter, das andere 6—8 im eigenen Geschäftslokale, abgesehen von dem auf den Sägen und sonst beschäftigten Hülfspersonale. Außerdem sind noch zwei Instrumentenfabrikanten vorhanden, welche durchaus selbständig sind, sich aber ausschließlich mit der Anfertigung von Zithern befassen. Der eine von ihnen beschäftigt 2 Arbeiter in seinem Hause, aber keinen außerhalb desselben. Von diesen Unternehmern abgesehen, ergab die Zählung 201 Instrumentenmacher, wozu noch 5 Geigenlackiererinnen zu zählen sind. Die bei weitem überwiegende Zahl dieser Arbeiter sind, wie sich aus dem Vergleich mit den obigen Zahlen ergiebt, Hausindustrielle, eine genauere Ausscheidung war nach den Angaben der Zählbogen nicht möglich, da die Bezeichnungen meist ungenau sind. Nur in 2 Fällen lautet sie „Geigenmacher in Hausindustrie“, 74 waren als Gehülfen, 14 als Lehrlinge, die übrigen einfach als Geigenmacher angeführt. Jedenfalls wird man aber nicht fehlgehen auch jene, sowie diejenigen, bei denen eine nähere Bezeichnung fehlt, als Hausindustrielle anzusehen. Übrigens ist die Zahl der mit der Anfertigung von Instrumenten beschäftigten Personen eine ziemlich schwankende, da manche Geigenmacher zeitweilig zu anderen Beschäftigungen übergehen, vor allem aber viele nur einen Teil des Jahres sich mit der gewerblichen Arbeit beschäftigen. Während in Oberammergau bei weitem die Mehrzahl der Schnitzer verheiratet ist, befinden sich unter den Mittenwalder Geigenmachern nur 82, also weniger als die Hälfte, die verheiratet sind, und nur 180 Geigenmacherkinder lebten im Hause ihrer Eltern. Es ist dies nicht ohne Bedeutung. Freilich derjenige Grund, der diese Erscheinung zu einer erfreulichen machen würde, daß nämlich die Industrie einen großen Aufschwung genommen hätte und infolgedessen viele junge Arbeitskräfte sich zu

[1] Auch die Schilderung der Mittenwalder Geigenindustrie beruht auf eigenem Augenschein sowie auf den Angaben, welche mir an Ort und Stelle von den Verlegern und Fabrikanten, dem Marktschreiber, sowie einzelnen Geigenmachern in freundlichster Weise, die mich zu großem Danke verpflichtet, gemacht sind. Die statistischen Daten sind in gleicher Weise, wie bei Oberammergau, Publikationen oder Materialien des Königl. Statistischen Bureaus entnommen.

ihr gedrängt hätten, ist, wie wir sehen werden, nicht zutreffend; anderseits werden wir aber sehen, daß die Lage der Geigenmacher durchaus keine so ungünstige ist, daß die Eheschließung dadurch verhindert wird. Es läßt sich also nur annehmen, daß es sociale Verhältnisse sind, die die auffallende Thatsache erklären, in der Weise etwa, daß die Geigenmacher meist jüngere Söhne sind, die im Hause ihrer Eltern oder älteren Geschwister leben. In Betracht zu ziehen ist schließlich noch, ob nicht die Gesundheitsverhältnisse der Bevölkerung diese Erscheinung bedingen.

Die Mittenwalder Instrumentenmacherei hat mit starker Konkurrenz zu kämpfen, teils ausländischer, besonders französischer, die indessen weniger in Betracht kommt, als die inländische des sächsischen Vogtlandes (in Markneukirchen, Klingenthal und Umgegend). Es handelt sich indessen auch hier nicht um eine Fabrikation, sondern gleichfalls um eine Hausindustrie, die wenigstens in der Hauptsache in gleicher Weise wie die Mittenwalder organisiert zu sein scheint; der wichtigste Unterschied ist wohl, daß sich dort eine Mehrzahl kleinerer Unternehmer (Verleger) findet.

In Mittenwald vollzieht sich die Produktion in der Weise, daß die Verleger das erforderliche Rohmaterial, in erster Linie Fichten- und Ahornholz, aufkaufen und dasselbe dann in ihren Sägemühlen in die zu Deckeln, Böden, Zargen und Hälsen geeigneten Stücke zerschneiden lassen. Diese Stücke werden dann, wenn sie durch langes Lagern vollständig ausgetrocknet sind, den Geigenmachern zur weiteren Bearbeitung übergeben. Diese verfertigen daraus die einzelnen Teile der Geige u. s. w., denn als Regel ist wenigstens heute noch zu betrachten, daß der Geigenmacher stets nur einen bestimmten Teil des Instrumentes anzufertigen im stande ist. Man hat also bei ihnen zwischen Korpusmachern, Schneckenmachern, Wirbelmachern, Stegmachern u. s. w. zu unterscheiden; die Arbeitsteilung ist eine so weitgehende, daß an der einzelnen Geige z. B. wenigstens 8 verschiedene Personen thätig gewesen sind, ehe sie vollendet ist. Bei der Zählung von 1885 kommt diese Arbeitsteilung in den Angaben freilich nur selten zum Ausdruck, indem abgesehen von den bereits erwähnten Lackiererinnen nur 1 Saitenspinner, 1 Geigensattelmacher und 2 Geigenstegmacher besonders als solche aufgeführt werden, wobei noch die Möglichkeit vorhanden ist, daß dies in den Häusern der Verleger beschäftigte Lohnarbeiter sind. Bietet diese weitgehende Arbeitsteilung nun auch in mancher Beziehung Vorteile, so ist doch anderseits dieselbe geeignet den Arbeiter, der nur einen Teil des Produktes anfertigen kann, am Vorwärtskommen zu hindern, auch wird er dadurch abhängiger vom Verleger. Von einer eigentlich handwerksmäßig betriebenen Hausindustrie kann nicht die Rede sein, dieselbe ist auch durch die Schwierigkeit, das erforderliche Rohmaterial zu beschaffen, im wesentlichen ausgeschlossen. Jedoch ist zu bemerken, daß einzelne tüchtigere Arbeiter insofern selbständiger dastehen, als sie ganze Geigen anfertigen können, vielleicht auch hier und da einmal eine direkte Bestellung erhalten, besonders aber Reparaturen vornehmen. Indessen ist die Zahl dieser nur eine geringe und ist eigentlich nur einer von ihnen als wirklich selbständiger Geigenmacher zu bezeichnen, der Geigen auch feinster Qualität auf eigene Rechnung und Gefahr herstellt und auch direkt verkauft. Die große Masse der Arbeiter arbeitet durchaus nur für die Verleger gegen Lohn, das Rohmaterial wird ihnen, wie bemerkt, von letzteren geliefert, die erforderlichen Werkzeuge u. s. w. sind dagegen ihr Eigentum. Das Arbeitsverhältnis ist indessen durchaus nicht dauernd, da die Arbeiter vielfach bald für das eine bald für das andere Verlagsgeschäft arbeiten, auch durchaus nicht fortdauernd gewerblich thätig sind.

Die beiden Verlagsgeschäfte betreiben nicht nur den kaufmännischen Teil des Geschäftes, indem sie etwa Rohmaterial einkaufen und dann das von den Hausindustriellen hergestellte Produkt wieder verkaufen, sondern sie befassen sich auch mit der Fabrikation und zwar nicht nur insofern, als von ihnen durch in den eigenen Geschäftsräumen thätige Lohnarbeiter das Zusammensetzen der von den einzelnen Hausindustriellen gelieferten Teile sowie das Fertigstellen der Instrumente vorgenommen wird, sondern vor allem auch, weil die Herstellung besonders feiner Instrumente regelmäßig ganz im Geschäfte geschieht. Faktoren oder andere Mittelpersonen schieben sich nicht zwischen die Verleger und Geigenmacher, sondern letztere erhalten die Arbeitsaufträge direkt von ersteren. Familienarbeit ist wenig verbreitet, nur in einzelnen Fällen sind Vater und Sohn oder sonstige Familienmitglieder gleichzeitig Geigenmacher, indessen wird auch in diesen wenigen Fällen infolge der weitgehenden Arbeitsteilung von einem eigentlichen Zusammenarbeiten kaum die Rede sein, sondern es sich mehr um ein Nebeneinanderarbeiten handeln. Einige wenige Frauen sind, wie schon erwähnt, als Lackiererinnen thätig. Lohnarbeiter werden von den Hausindustriellen nicht beschäftigt.

Wie schon angeführt, ist die Geigenmacherei durchaus nicht der einzige Erwerbszweig der mit ihr Beschäftigten. Zunächst ist ein zeitweiliger Übergang von ihr zu lohnender scheinenden Arbeiten durchaus nicht selten, sodann findet aber zuweilen ein regelmäßiger Wechsel zwischen den verschiedenen Erwerbsarten statt. Bei der Zählung von 1885 ist in vier Fällen als Beschäftigung angegeben „Holzer und Geigenmacher", in einem „Zimmermann und Geigenmacher", und damit wird vermutlich die Reihe noch nicht erschöpft sein. Indessen stehen alle diese Fälle an Bedeutung weit hinter dem Betriebe der Landwirtschaft zurück. Dieselbe beschränkt sich ganz überwiegend auf Viehzucht und Heuproduktion, wie sich das schon aus der Höhenlage von 920 Metern über dem Meere ergiebt. Die Viehzucht ist insofern wichtig, als die Milchproduktion einen nicht unbedeutenden Zuschuß zur Nahrung liefert; für das gewonnene Heu, soweit es nicht in der eigenen Wirtschaft verwertet wird, ist eine gute Absatzgelegenheit in nächster Nähe vorhanden, da die beiden Herzöge von Nassau und Koburg-Gotha, welche bedeutende Jagden in der Nähe besitzen, alljährlich größere Mengen Heu zur Wildfütterung kaufen, wodurch auch den kleinen Wiesenbesitzern eine gewisse Einnahme erwächst. Wenn auf diese Weise die Lage der Geigenmacher, welche eigene Wirtschaft führen, durch den landwirtschaftlichen Betrieb im günstigsten Sinne beeinflußt wird — selbstverständlich ist damit auch fast stets der Besitz eines eigenen Hauses verbunden — (wie selten ein solches fehlt, geht wohl daraus hervor, daß ein verheirateter Geigenmacher, der zur Miete wohnte, es für nötig hielt, dies bei der Volkszählung anzugeben), so kommt doch andererseits in Betracht, daß ihr Eigentum vielfach stark verschuldet ist. Die verschiedenen, später zu erwähnenden Stiftungen haben ihre Kapitalien durchaus in Mittenwald selbst hypothekarisch angelegt. Ist nun auch die Verwaltung derselben sicher kein harter Gläubiger, der eine etwaige Notlage auszubeuten versucht, so wird doch durch die Notwendigkeit, von dem sicher nicht allzugroßen Einkommen noch Schuldzinsen bezahlen zu müssen, die Lage der kleinen Leute, zu denen die Geigenmacher doch jedenfalls gehören, wiederum wesentlich verschlechtert. Auch in anderer Richtung wird die Wirkung des landwirtschaftlichen Besitzes und Betriebes nicht als durchaus günstig zu bezeichnen sein.

Ist ja die dadurch hervorgerufene Abwechselung zwischen gewerblicher Arbeit und Arbeit im Freien als wohlthätig für das körperliche Gedeihen und die Gesundheit zu bezeichnen — und diese Abwechselung wird nicht nur den selbständig Wirtschaftenden zu teil werden, sondern auch denjenigen, die ledig bei ihren Angehörigen leben, da sie sich an deren landwirtschaftlichen Arbeiten beteiligen —, so fällt dagegen anderseits schwer ins Gewicht, daß in gewisser Weise die ganze Industrie durch diese Arbeiten gefährdet wird. Regelmäßig wird nämlich im Sommer die Geigenmacherei fast ganz aufgegeben, und ziehen dann die Geigenmacher ebenso wie die übrige Bevölkerung für mehrere Wochen ganz auf ihre „Wiesmad“ hinaus, wo sie dann Tag und Nacht bleiben; die Feuer, um die sie sich nachts lagern, bilden eine charakteristische Erscheinung der Gegend. Selbstverständlich kommen die Verleger hierdurch leicht in Verlegenheit, wenn ihre Vorräte von fertigen Instrumenten durch größere Bestellungen erschöpft sind und sie den dann noch einlaufenden nur spät, vielleicht auch gar nicht gerecht werden können. Es liegt auf der Hand, daß hierdurch, besonders bei der starken Konkurrenz, leicht Absatzgebiete verloren gehen können. Übrigens sind die Klagen in dieser Hinsicht durchaus nicht neuen Datums und wird man sie in gewisser Weise auch wieder als ein günstiges Zeichen betrachten können, indem sie beweisen, daß die Lage der Geigenmacher keine gerade schlechte sein kann, daß keine Not sie zwingt, ihre Arbeitskraft auf das höchste anzuspannen.

Als Rohstoffe für die Geigenindustrie kommen hauptsächlich Fichten und Ahornholz in Frage. Beide Arten werden in der Regel aus der weiteren Umgebung bezogen, für ersteres ist das Grasmangthal oberhalb Oberammergau der wichtigste Bezugsort, während letzteres aus der Gegend von Lenggries, Miesbach u. s. w. kommt. Doch ist es auch schon vorgekommen, daß Holz aus Galizien bezogen werden mußte, da die Nachbarschaft geeignetes nicht bot. Über die Preise wurden in letzter Zeit mancherlei Klagen laut, besonders in der Richtung, daß das Forstamt für Holz, welches sonst als Brennholz verwendet werden müßte, den Verlegern dennoch Nutzholzpreise absordere[1]. Auch über hohe Transportkosten wird vielfach geklagt, was an und für sich nicht unberechtigt sein mag, da der Transport per Achse erfolgen muß. Anderseits ist aber zu berücksichtigen, daß die sächsischen Konkurrenten ihr Material gleichfalls aus den Alpen oder Galizien und Ungarn beziehen und bei diesen auch noch die Transportkosten für lange Eisenbahnstrecken ins Gewicht fallen. Immerhin wird eine Preissteigerung des Rohmaterials in neuerer Zeit kaum abzustreiten sein. Die sonst in Frage kommenden Rohstoffe, als Ebenholz, Därme, Draht u. s. w., haben wohl im ganzen geringere Bedeutung und werden sich vor allem für dieselben lokale Preisverschiedenheiten nicht ergeben.

Die Produktion erstreckt sich auf Geigen aller Art, deren Preise nach dem Detailpreiscourant der größeren der beiden Verlegerfirmen zwischen 4,50 und 200 Mark und darüber sich bewegen, während die Engrospreise für ordinäre Ware sich auf 3—3,50 Mark stellen, ja auf 2,80 Mark heruntergehen. Weiter werden gefertigt Violas mit Detailpreisen zwischen 7 und 200 Mark, Violoncellos zu 19—300 Mark, Kontrabässe zu 70—300 Mark. Guitarren kosten 7,50—30 Mark und mehr, Zithern 12—40 Mark und mehr. Erwähnt werden in dem genannten Preiscourant noch Streichzithern, Streichmelodions, Philomelas, Xylophons und andere Instrumente.

---

[1] Bericht der Handels- und Gewerbekammer für Oberbayern für 1883.

Die Preise scheinen in neuerer Zeit wesentlich zurückgegangen zu sein, besonders für ordinäre Ware, wo dieselben durch die sächsische Konkurrenz derartig gedrückt sein sollen, daß kaum noch ein Nutzen zu erzielen ist. Zum Vergleich sei hier angeführt, daß die sächsische Konkurrenz im Jahre 1882 die geringsten Sorten Geigen für 18—30 Mark per Dutzend, mittlere für 48—90 Mark lieferte. Absatz finden die Mittenwalder Streichinstrumente auch heute noch in der ganzen Welt; als Hauptabsatzländer kommen, abgesehen von Deutschland, vor allem Amerika, England, Rußland und Italien in Betracht, freilich sind auch hier manche Veränderungen und Schwankungen zu verzeichnen. Kriege und ähnliche Ereignisse haben vorübergehende Geschäftsstockungen hervorgerufen, notwendig gewordene Preiserhöhungen infolge größerer Unkosten haben hier und da Absatzgebiete auch ganz verloren gehen lassen oder doch stark gefährdet[1]. Jedenfalls hat die Mittenwalder Industrie einen schweren Konkurrenzkampf durchzufechten, in dem sie unterliegen müßte, wenn nicht der leichtere Bezug des Rohmaterials ihr einen Vorteil böte, denn im allgemeinen hat die sächsische Konkurrenz den Vorteil voraus, daß sie geringere Arbeitslöhne zu zahlen braucht, auch fällt für sie als günstig ins Gewicht, daß die Produktion in Sachsen eine vielseitigere ist, sich fast auf alle Arten von Musikinstrumenten erstreckt und der dortige Markt deshalb von manchen Käufern bevorzugt wird, da sie sich hier gleich mit ihrem ganzen Bedarf versehen können. Schließlich wird als ungünstiges Moment für Mittenwald seine abgelegene Lage im Gebirge und seine dadurch bedingten schlechten Verbindungen — es ist von der nächsten Eisenbahnstation erst nach sechsstündiger Wagenfahrt zu erreichen — angeführt, da sie die Abnehmer oft hindere, sich persönlich von den Vorzügen der dortigen Ware zu überzeugen. Letzteres dürfte von um so größerer Bedeutung sein, als die Waren meist auf Bestellung verschickt und Reisende nur vereinzelt ausgesandt werden.

Zur Ausbildung der Geigenmacher sind zwei Unterrichtsanstalten in Mittenwald vorhanden. Zunächst die Geigenmacherschule, in der junge Leute, welche ihrer Schulpflicht nachgekommen sind, also sich im Alter von 13—15 Jahren befinden, in der Technik des Geigenmachens unterrichtet werden. Dieselbe soll also das Durchmachen einer Lehrzeit ersetzen, sie ist eine Gemeindeschule, erhält aber eine Kreisunterstützung in der Höhe von 500—700 Mark. Dieselbe besteht seit 1858, und sollen die jungen Leute in ihr in dem ganzen Umfange ihrer Kunst unterrichtet werden. Dieses Ziel scheint jedoch durchaus nicht vollständig erreicht zu sein, und wird daher

[1] Bericht der Handels- und Gewerbekammer für Oberbayern für 1885.

eine Reform in dieser Richtung als wünschenswert bezeichnet, denn es ist nicht zu bestreiten, daß der Umstand, daß nur wenige Arbeiter im stande sind, eine ganze Geige herzustellen, nicht allein die Erwerbsfähigkeit der Leute beeinträchtigt, sondern auch vor allem die Qualität der Produktion selbst schädigt. Übrigens scheint eine Reform des Unterrichts in dem Sinne beabsichtigt, daß jenes Ziel nun wirklich erreicht wird. Als zweite Lehranstalt kommt die Geigenschule in Betracht, in der Musik- und Zeichenunterricht erteilt wird.

Die Lohnform für die Hausindustriellen ist ausschließlich der Stücklohn. Die Höhe desselben ist natürlich je nach der Qualität der Arbeit sehr verschieden, was auch die Verschiedenheit der Angaben darüber erklärt. Für einen Korpus sollen jetzt 1, 1,50, 1,60 Mark seitens der Verleger gezahlt werden, für feine Arbeit jedoch bedeutend mehr, eine andere Angabe lautet auf 2—4 Mark. Der erste Gewährsmann gab als mögliche Wochenproduktion 6 Stück für einen fleißigen und geschickten Arbeiter bei etwa 10—11stündiger effektiver Arbeitszeit an, der zweite schätzt, daß 1—2 Tage zur Anfertigung eines Stücks erforderlich seien. Nach ersterem werden Schnecken mit 30, 40, 50 Pfennig bezahlt, ja besonders gute mit 1 Mark, nach dem zweiten nur mit 25—30 Pfennig, und nimmt dieser die durchschnittliche Tagesproduktion auf 5—6 Stück an. Nach dem Berichte der Münchener Handelskammer scheint im Jahre 1883 eine Lohnerhöhung erfolgt zu sein. Ein Verleger schätzte den Tagesverdienst eines normal fleißigen etwa 10 Stunden thätigen Arbeiters auf 2, 2½, 3, selbst 4 Mark, je nach seiner Geschicklichkeit und der Qualität der von ihm gelieferten Ware. Eine Schätzung des wirklichen Wochenverdienstes hielt derselbe für unmöglich, da die Leute sehr unregelmäßig arbeiteten. Der andere Verleger gab als niedrigsten Tagesverdienst unter obigen Voraussetzungen 1,60—1,70 Mark an, war jedoch der Ansicht, solch geringer Verdienst komme nur bei Leuten vor, die erst eben ihre Lehrzeit beendigt hätten. Andererseits wiederum wurde der tägliche Verdienst auf 2—2,50 Mark geschätzt, ja für solche Leute, die nur zeitweilig als Geigenmacher arbeiteten, nur 1 Mark als wahrscheinlich angenommen. Auch über den Verdienst in anderen Erwerbszweigen des Ortes waren die Angaben sehr verschieden, der Verdienst der Holzknechte wurde einerseits auf 3 Mark täglich, anderseits auf 1,70—2,00 Mark angegeben, Wegearbeiter sollen 2,20—2,50 Mark verdienen. Man wird auch bei letzteren Daten zu berücksichtigen haben, daß hier gleichfalls Stücklohn nicht selten vorkommt und infolgedessen der Tagesverdienst sich je nach der Leistungsfähigkeit sehr verschieden gestaltet. Im ganzen wird wohl an der Hand der mitgeteilten Daten der Schluß berechtigt erscheinen, soweit überhaupt ein Vergleich zwischen so verschiedenen Beschäftigungsarten zulässig ist, daß der Verdienst des nur mäßig tüchtigen Geigenmachers dem anderer Arbeiter am Orte etwa gleichkommt, Leute von größerer Geschicklichkeit unter ersteren je nach dem Grade derselben einen mehr oder weniger erheblich höheren Verdienst haben werden. Der Lohn wird, wie sich aus der Löhnung nach dem Stück ergiebt, bei Ablieferung der Ware gezahlt, doch gehören Lohnvorschüsse seitens der Verleger durchaus nicht zu den Seltenheiten. Die von den Verlegern in ihren eigenen Geschäftslokalen beschäftigten Arbeiter erhalten Wochenlohn. Das früher übliche Trucksystem ist seit Einführung der Gewerbeordnung in Wegfall gekommen, und wird jetzt reiner Geldlohn gezahlt.

Durch die Verleger werden keine Unregelmäßigkeiten in der Beschäftigung veranlaßt, sondern dieselben wünschen im eigenen Interesse, daß die bereits erwähnten Unterbrechungen der Arbeit sowie die gleichfalls nicht seltenen infolge der vorhandenen Neigung zu großem Lebensgenuß in Wegfall kommen. Die im Hause der Verleger und Instrumentenmacher beschäftigten Arbeiter haben gleichmäßig 10stündige Arbeitszeit, diejenige der Hausindustriellen ist, wie schon erwähnt, sehr ungleichmäßig und nicht wohl zu schätzen. Frauenarbeit kommt nur beim Lackieren vor und ist in diesem Falle nicht als Beihülfe bei der Arbeit des Mannes oder Vaters aufzufassen, sondern als selbständige Arbeit, da das Lackieren erst an den zusammengesetzten Geigen ꝛc. vorgenommen wird, das Zusammensetzen aber durch den Verleger geschieht. Arbeit schulpflichtiger Kinder kommt nicht vor.

Die Arbeitsräume der Geigenmacher fallen im allgemeinen mit ihren Wohnräumen zusammen und sind im ganzen als nicht ungünstig zu bezeichnen, die Arbeit selbst ist auch nicht als eine solche zu betrachten, welche durch ihre Art die Wohnungsverhältnisse verschlechtert bezw. zu ungesunden umgestaltet. In einer Beziehung freilich sind die Wohnungen als bedenklich zu bezeichnen, sie sind nämlich außerordentlich feuergefährlich, weil der obere Stock fast durchweg aus Holz hergestellt ist und dabei in Mittenwald die geschlossene Bauart vorherrscht, so daß ein ausbrechendes Feuer, da ordentliche Brandmauern nur im Erdgeschoß vorhanden sind, sofort den ganzen Ort mehr oder weniger gefährdet.

Die Nahrung ist auch hier bei den Geigenmachern nicht wesentlich von derjenigen der übrigen Bevölkerung in gleicher Lage verschieden. Stark geschmälzte Mehlspeisen bilden neben Kartoffeln wohl den Hauptbestandteil derselben. Milch und Käse, welche in der eigenen Wirtschaft gewonnen werden, dienen zu ihrer Aufbesserung; übrigens scheint auch der Kaffee- oder wohl richtiger Cichorienbrühekonsum ein starker zu sein. Ob die ungenügende Nahrung, wie einzelne Beobachter bemerkt haben wollen, eine gedrückte Haltung unter den Geigenmachern hervorgerufen hat, scheint zu bezweifeln, im Gegenteil hatten wir schon Gelegenheit, die Bevölkerung im ganzen als ziemlich leichtlebig zu bezeichnen; schon der Umstand, daß die Arbeit keine sehr angestrengte und ausdauernde ist, beweist dies wohl zur Genüge. Im allgemeinen wird man auch hier wohl das Richtige treffen, wenn man die Nahrung als zwar einfach aber genügend bezeichnet, da der fast absolute Mangel von Fleischspeisen, der dieselbe vielleicht als schlecht erscheinen läßt, angesichts der großen Milch- und Fettmengen, die genossen werden, nicht als Übelstand anzusehen ist.

Die Zahl der in den 4 Jahren 1884—87 Verstorbenen betrug 209, wovon 71 Geigenmacher oder Angehörige derselben waren; in den 8 Jahren von 1876—83 sind insgesamt 459 Personen gestorben, also im Verhältnis etwas mehr, da die Bevölkerung ziemlich konstant geblieben ist; sie betrug 1885 1731, 1880 1782 und 1875 1705 Seelen. Über die Verteilung der in den letzten vier Jahren Verstorbenen giebt folgende Tabelle Auskunft:

Lebensjahre	0—1	1—5	5—20	20—50	50—70	über 70	Summa
Geigenmacher und Angehörige	28	7	2	14	9	11	71
Sonstige Bevölkerung	49	7	3	13	31	55	138
Insgesamt	77	14	5	27	40	46	209

Auf den ersten Blick betrachtet, sind diese Ziffern außerordentlich günstig für die Geigenmacher: während sie mit ihren Angehörigen nahezu die Hälfte der Bevölkerung ausmachen, fällt nur etwa $^1/_3$ der Todesfälle auf sie. Allein es werden hier andere Zahlen zu Grunde zu legen sein, als bei der früheren Erörterung, wo es sich um die Bedeutung der Geigenmacherei als Erwerbsquelle handelte; da fiel ins Gewicht, daß etwa in der Hälfte aller Haushaltungen nach der Zählung von 1885 ein Mitglied mit ihr beschäftigt war, während hier natürlich nur die Sterbefälle von Geigenmachern, deren Ehefrauen und Kindern ermittelt sind. Es kommen also jene Todesfälle, da ein großer Teil der Geigenmacher ledig ist, auf eine viel kleinere Zahl von Menschen, die zwischen 450—500 nach der Zählung von 1885 beträgt, also nicht vielmehr als $^1/_4$ der Gesamtbevölkerung. Auf schlechte Ernährung oder Mangel haben wir diese also relativ stärkere Sterblichkeit der Geigenmacher nach dem früher Gesagten nicht zurückzuführen, dagegen spricht auch, daß die Kindersterblichkeit an jenem Mehr nur einen verschwindend kleinen Anteil hat. Es würde nun, bei der Kürze der Beobachtungsdauer und der Kleinheit der Ziffern, die ja sichere Schlüsse nicht zulassen, naheliegen, diese größere Sterblichkeit als eine zufällige hinzustellen, allein es liegen Gründe vor, die wahrscheinlich machen, daß es sich doch um eine dauernde Erscheinung handelt. Seitens des dortigen Arztes wurde mir mitgeteilt, daß Tuberkulose unter der dortigen Bevölkerung stark verbreitet sei, und dies darauf zurückgeführt, daß die Bevölkerung fortwährend untereinander heirate und somit fast alle blutsverwandt miteinander seien. Es liegt nun die Vermutung nahe, daß die mit derartiger Anlage behafteten, also schwächlichen Leute sich besonders der weniger anstrengenden Geigenmacherei widmen, wodurch auch die starke Sterblichkeit in der Altersklasse von 20—50 Jahren erklärt würde. In den einzelnen Jahren ist die Zahl der Todesfälle natürlich sehr verschieden, das Maximum mit 68 fällt in das Jahr 1877, das Minimum 42 in das Jahr 1876. Unter den vor Vollendung des ersten Lebensjahres gestorbenen Kindern befanden sich 11 uneheliche. Die Zahl der Geburten belief sich in der 8jährigen Periode von 1876—83 auf 576, worunter 93 uneheliche waren, in den Jahren 1884—87 wurden 229 Kinder geboren, davon 45 außerehelich. 86 der ehelichen waren Geigenmacherkinder, 3 der unehelichen von Geigenmachertöchtern geboren. Das Maximum der Geburten mit 85 fällt in das Jahr 1879, welches auch mit 18 die größte Zahl der unehelichen Geburten aufweist; das Minimum mit 52 gehört dem Jahre 1886 an, die geringste Zahl der unehelichen Geburten mit 5 fällt in das Jahr 1878. Die Zahl der Eheschließungen war in den Jahren 1884—87 auffallend gering, sie betrug nur 28; in 18 Fällen war der Ehemann Geigenmacher. Über das Lebensalter der Eheschließenden giebt folgende Tabelle Auskunft:

Altersklasse	unter 20	20—25	25—30	30—35	35—40	40—45	45—50	über 50 J.
I. Bei allen Ehen								
Männer	—	3	6	10	4	4	—	1
Frauen	—	5	17	2	2	1	—	—
II. Ehen der Geigenmacher								
Männer	—	2	5	8	1	2	—	—
Frauen	—	3	12	1	1	1	—	—

Bei 24 dieser neugeschlossenen Ehen war der Mann älter als die Frau, darunter befanden sich 16 Geigenmacherehen, bei einer der letzteren betrug der Altersunterschied weniger als 1 Jahr, in 6 Fällen zwischen 1 und 5 Jahren, in 7 5—10 Jahre, in 2 endlich mehr als 10 Jahre. Bei 4 Ehen, darunter 2 Geigenmacherehen, war die Frau älter als der Mann, und zwar bei letzteren je einmal 1—5 und 5—10 Jahre. In den 8 vorhergehenden Jahren betrug die Zahl der Eheschließungen 110, war also bedeutend größer. Die durchschnittliche Kinderzahl in den Ehen ließ sich auch hier nicht ermitteln.

Bezüglich der Moralitätsverhältnisse läßt sich im ganzen das Gleiche wie bei Oberammergau sagen. Die Bevölkerung ist eine ziemlich leichtlebige, und dies würde von Mittenwald in noch höherem Maße gelten als von ersterem Orte, wenn man die Zahl der unehelichen Geburten als Maßstab anlegen wollte, denn diese machen hier 17,1 Prozent aller Geburten der 12jährigen Periode aus; freilich kommt in Betracht, daß auch die Zahl der ledigen Personen in Mittenwald größer ist, sie beträgt hier ca. 60 Prozent der Bevölkerung, dort nur ungefähr 57 Prozent. Daß die Moralitätsverhältnisse bei der Geigenmacherbevölkerung ungünstiger seien als im allgemeinen, läßt sich nicht annehmen.

Eine sehr ungünstige Wirkung hat die große Zahl außerehelicher Geburten, indem durch dieselben die Armenlast eine recht bedeutende Höhe erreicht. Nach der Armenrechnung gestaltete sich diese Last in den letzten Jahren wie folgt:

Jahr.	Zahl der unterstützten Personen.	Höhe der Unterstützungssumme.
1881	33	2854,30 Mark
1882	33	3319,61 „
1883	32	3582,52 „
1884	32	3606,35 „
1885	33	3980,57 „
1886	34	4188,87 „
1887	36	4133,75 „

Es hat also die Unterstützungssumme in den letzten Jahren eine bedeutende Steigerung erfahren. Von den 36 Armen des Jahres 1887 wurden 34 mit Geld unterstützt, 2 waren im Irrenhause untergebracht. Unter den ersteren befanden sich ferner 5 vorübergehend unterstützte Personen, von welchen 1 teilweise arbeitsunfähig, die anderen arbeitsfähig waren, weiter 24 Kinder, teils Waisen, vor allem aber auch außereheliche.

Sehr kommt noch in Betracht, daß die Armenlast trotz ihrer bedeutenden Höhe, wesentlich erleichtert wird, da verschiedene Stiftungen vorhanden sind, welche mehr oder weniger bedeutende Unterstützungen gewähren. Eine derselben kommt freilich zur Zeit noch nicht in Frage, da ihr Einkommen jetzt noch admassiert wird. Von den übrigen sei hier speciell noch erwähnt eine Stiftung zur Hebung der Rindviehzucht, welche 1887 1328,56 Mark verausgabte, sie ist besonders wichtig, da sie ärmeren Einwohnern Melkkühe leihweise überläßt. Eine andere Stiftung verausgabte im gleichen Jahre 1176,12 Mark zur Unterstützung armer Kinder, Kranker und Hülfloser, sowie zur Ausstattung armer Mädchen. Alle diese Stiftungen kommen den Geigenmachern natürlich gleichfalls zu gute, es ist damit aber auch zugleich erschöpft, was für dieselben, soweit es sich um Hausindustrielle handelt, zu ihrer Förderung geschehen ist. Außer den erwähnten Unterrichts- und sonstigen Anstalten käme nur noch die Reichsversicherung für die in den Werkstätten der Verleger beschäftigten Arbeiter in dieser Richtung in Frage. Der seit 1820 existierende Geigenmacherverein verfolgt nur gesellige Zwecke.

Waren es auch nicht lauter erfreuliche Thatsachen, welche sich bezüglich der Lage der Mittenwalder Geigenindustrie vor unseren Augen entrollten, so können wir doch nicht sagen, daß dieselbe geradezu ungünstig ist. Die starke Konkurrenz hat bisher trotz mancher Vorteile es nicht vermocht, den Absatz derselben wesentlich zu gefährden, und wird noch viel weniger dazu im stande sein, falls es gelingt, durch sorgfältige und allseitige Ausbildung die Leistungen der Geigenmacher auf eine höhere Stufe zu heben. Auch die wirtschaftliche Lage der letzteren war gerade keine schlechte zu nennen; wenn ja auch hier Mißstände nicht fehlten, so waren sie doch durchaus nicht derartig, daß sie nicht bei energischem Streben der Leute durch ihre eigene Kraft beseitigt werden könnten. Auch die bedenklichste Erscheinung, die wir anzuführen hatten, ist nicht eine solche, die als unheilbares Übel zu betrachten wäre, sie wird aufhören sich geltend zu machen, wenn die relative Abgeschlossenheit des Ortes beseitigt wird, und auf dem Wege hierzu ist gerade in den letzten Tagen durch den Beginn des Baues einer Eisenbahn von Murnau nach Partenkirchen-Garmisch ein guter Schritt weiter gethan.

III.

Die häusliche Bürstenfabrikation im badischen Schwarzwald.

Von
Oberamtmann **Muth** in Donaueschingen.

I. Die Industrie, mit der wir uns hier in dem uns zugemessenen engbegrenzten Rahmen zu beschäftigen haben, hat ihre Heimat in den südlichen Hängen des badischen Feldbergs, wo, wie unser vaterländischer Dichter Hebel singt:

„Mit liebligem G'sicht us tief verborgene Chlüfte
D' Wiese luegt und check go Todtnau abe in's Thal springt."

Ihren Hauptsitz hat sie in dem gewerbreichen Städtchen Todtnau, das nach dem schweren Brandunglück im Jahre 1876 aus der Asche neu entstanden ist und nun mit seinen stattlichen Häusern, den sauberen Straßen und Plätzen und der von der Höhe grüßenden prächtigen Kirche als eines der schmuckften Schwarzwaldstädtchen sich darstellt.

Hier an diesem Ort hat auch die Bürstenmacherei ihren Anfang genommen und zwar war es, wie man sich erzählt, ein Todtnauer Bürgerssohn Leodegar Thoma, dessen Name als der eines Wohlthäters für die ganze Gegend wohl genannt zu werden verdient, der, um sich als Müllerbursche das Zusammenkehren des Mehlstaubs zu erleichtern, die erste Bürste konstruierte, indem er ein Stück Holz durchbohrte und in den Löchern Schweinsborsten mit hölzernen Nägeln befestigte.

Später betrieb er in Todtnau einen kleinen Viehhandel und begann im Jahr 1770 auch gewerbsmäßig Bürsten zu verfertigen, die er in der Umgebung und besonders in der nahen Breisgaustadt Freiburg abzusetzen suchte. An dieser gewerblichen Thätigkeit nahmen in der Folge auch seine Familienangehörigen teil, und das Geschäft gewann immer mehr an Ausdehnung, so daß bald eigene Hausierer eingestellt werden konnten und schon Ende der 80er Jahre des vorigen Jahrhunderts ein gewisser Balthasar Brender die Verfertigung der Bürstenhölzer als speciellen Erwerbszweig betrieb.

Von diesen kleinen Anfängen ausgehend, die typisch geblieben sind für die Weiterentwicklung der ganzen Industrie, gewann die Bürstenmacherei immer weitere Verbreitung, indem nach und nach auch andere Personen das Anfertigen der Bürstenwaren erlernten und auf eigene Rechnung betrieben, und verpflanzte sich von Todtnau aus auch in die umliegenden Orte, namentlich Brandenberg, Fahl, Todtnauberg, Aftersteg, Muggenbrunn, Schlechtnau und Geschwend, wo dieselbe zum Teil auch jetzt noch heimisch ist, während schon 1½ Stunden thalabwärts die gewaltige Entwicklung der Baumwollindustrie unsern Industriezweig nie recht aufkommen ließ und heute beinahe vollständig verdrängt hat.

II. Zu welcher Bedeutung die Bürstenfabrikation sich aber im Lauf der Zeit entwickelt hat, möge daraus ersehen werden, daß sich nach einer amtlichen Zusammenstelluug im Jahre 1853 ungefähr 600 Personen mit der Bürstenmacherei beschäftigten, von welchen etwa 250 in Todtnau selbst seßhaft waren, während nach den von uns angestellten Erhebungen die Zahl der zur Zeit in der Bürstenindustrie thätigen Personen etwa 900 bis 1000 betragen mag.

Wenn man dann weiter noch in Betracht zieht, daß auch mit dem Verfertigen der sogenannten Bürstenhölzer derzeit etwa 30 selbständige Betriebe mit ca. 90—100 Personen beschäftigt sind und daß, abgesehen von auswärtigen Händlern, etwa 70—80 ortsansässige Personen — meist Familienväter — den Hausierhandel mit Bürstenwaren betreiben, so wird man ermessen können, von welcher Wichtigkeit diese Industrie für die ganze ihrer rauhen Lage wegen für die Landwirtschaft wenig geeignete Gegend ist und wie das Wohlergehen der Bevölkerung von dem Gang der Industrie wesentlich abhängig ist.

Nicht ohne harte Kämpfe, nicht ohne schwere Krisen ist die Bürstenindustrie zu dieser Blüte herangewachsen. Während die Zahl der Bürstenmacher mit der Zeit erheblich gestiegen war und auch die Zahl der Bürstenhändler sich stetig vermehrt hatte, war das Absatzgebiet doch immer ein sehr kleines geblieben und beschränkte sich zumeist auf Baden und die angrenzenden Teile von Württemberg, Frankreich und der Schweiz. Dazu kam weiter noch, daß auch die technische Entwicklung des Gewerbes, obgleich sie sich sowohl hinsichtlich der Verfertigungsweise als auch bezüglich der Mannigfaltigkeit der Fabrikate stetig vervollkommnet hatte, mit den Anforderungen der Zeit doch nicht gleichen Schritt gehalten hat, und daß der einheimischen Bürstenmacherei durch die anderwärts (z. B. in Rheinbayern) zum Teil mit staatlicher Unterstützung eingeführte häusliche Bürstenindustrie allmählich eine sehr gefährliche Konkurrenz erwachsen war.

Unter Einwirkung aller dieser Umstände und der in den 40er Jahren überhaupt auf dem wirtschaftlichen Leben lastenden Krisis war die Lage der Bürstenindustrie allmählich eine so kritische geworden, daß im Jahr 1850 auf amtliche Anregung hin ernstlich der Versuch gemacht worden ist, unter Mitwirkung der Furtwanger Uhrmacherschule in der Gegend die Strohflechterei einzuführen. Verschiedene Jahre wurden mit staatlicher Unterstützung auch Arbeitskurse abgehalten, und nach den amtlichen Berichten waren diese Bemühungen auch nicht ohne Erfolg geblieben. Auffälligerweise war aber schon Ende der 50er Jahre dieser neue Industriezweig vollständig wieder verschwunden, und hat es sich auch da wieder gezeigt, wie rasch solche gewissermaßen künstlich getriebenen, in das Volksleben nicht tief genug eingewurzelten Produktionszweige wieder ihr Dasein enden, wenn die staatliche Hülfe wegfällt oder nachläßt.

Neben den Bemühungen, durch Einführung dieses andern Industriezweiges die materielle Lage der Bevölkerung zu bessern, war aber das Bestreben der Regierung auch darauf gerichtet, die Bürstenmacherei in ihrer Leistungsfähigkeit selbst zu heben, indem man eine Mustersammlung von solchen Bürstenwaren, welche Aussicht auf bessern Absatz boten, anlegte und Prämien an tüchtige Arbeiter bewilligte, um sich besonders in der äußern Ausstattung der Bürstenwaren, im Lackieren und Polieren der Waren zu vervollkommnen. Durch Bewilligung unverzinslicher Vorschüsse wurden unternehmende Industrielle angeeifert, ihre Betriebe in zweckmäßigerer Weise einzurichten und für die Fabrikation der Bürstenhölzer geeignete Maschinen zu verwenden; endlich suchte man durch Einführung eines entsprechenden gewerblichen Unterrichts in Todtnau, der eine Reihe von Jahren fortgesetzt wurde, die handliche Fertigkeit und den Geschmack der mit der Bürstenmacherei beschäftigten Personen zu heben und durch Verschärfung der Erfordernisse für Hausierpatente die übermäßige Zahl der Hausierer wieder etwas zu beschränken.

Und diese vielseitigen Bestrebungen, die zum Teil auch von Todtnauer Industriellen, unter welchen namentlich der verdienstvolle Fr. J. Faller hervorzuheben ist, Förderung fanden, sind auch nicht ohne den erwünschten Erfolg geblieben. Schon im amtlichen Jahresbericht von 1857 wird von dem ungeahnten Aufschwung berichtet, den die Bürsteninduftrie genommen hat, und hervorgehoben, wie es dank der größeren Rührigkeit der Industriellen und den Fortschritten in der Fabrikation selbst unter Ausnützung der in den örtlichen Verhältnissen gelegenen günstigen Bedingungen gelungen sei, die auswärts aufgetretene starke Konkurrenz doch wieder zurückzudrängen. Und dieser Aufschwung blieb, von vorübergehenden Störungen des Betriebs infolge von Kriegsereignissen, Zollchicanen und dergleichen abgesehen, ein stetig anhaltender, was auch daraus hervorgeht, daß der Wert der in Todtnau und Umgebung produzierten Bürstenwaren, der im Jahr 1853 ungefähr 300 000 Fl. betrug, im Jahr 1869 auf ca. 600 000 Fl. veranschlagt wurde, während er zur Zeit wohl auf 1 500 000 Mark berechnet werden darf.

III. Dieser ganz gewaltige Aufschwung hat sich aber nicht vollzogen ohne ganz tiefeinschneidende Umwandlungen in der Produktionsweise selbst, ja er ist zum Teil geradezu hierauf und auf die in den Absatzverhältnissen eingetretenen Änderungen zurückzuführen.

Wie es in den ersten Anfängen gewesen ist, so erfolgte der Betrieb der Bürsteninduftrie auch in ihrer weiteren Entwicklung zumeist als eigentliche Hausinduftrie, bei der in der Regel die sämtlichen Angehörigen der Familie thätig sind. Auch die schulpflichtigen Kinder finden in der schulfreien Zeit bei der Arbeit Verwendung, indem sie anfänglich mit den leichten Einzieharbeiten beschäftigt und nach und nach auch zu den schwierigeren Verrichtungen verwendet werden, ohne daß aber eine besondere gewerbliche Ausbildung erfolgt.

Als Arbeitsräume dienen die meist niederen, dumpfen Wohnstuben und hier, an den an die Fenster gerückten Arbeitstisch gebannt, sitzen die Arbeiter von frühester Morgenstunde bis in die tiefste Nacht hinein, unermüdlich die fleißigen Hände regend.

Zünfte oder sonstige Vereinigungen gewerblicher Art hat es bei der Bürsteninduftrie unseres Wissens nie gegeben.

Der Bürstenmacher steht in der Regel auf eigenen Füßen und hat als eigentlicher Unternehmer sowohl für den Ankauf des erforderlichen Arbeitsmaterials als für den Absatz der fertigen Waren Sorge zu tragen. Als Arbeitsmaterial kommt neben den als Halbfabrikat bezogenen Bürstenhölzern zur Verwendung: Schweinshaar und Borsten, für geringere Ware neuerdings auch der sogenannte Fieber (d. i. mexikanischer Steinhanf), Reiswurzeln, Draht, Pech u. a. m. Der Bezug erfolgt gewöhnlich nach Bedarf und Mitteln, mitunter in den kleinsten Quantitäten, bei den ortsansässigen Kaufleuten und herum=

ziehenden Händlern und zwar meist gegen bar mit Abzug von 1—2 Prozent Skonto oder zu den sonst üblichen kaufmännischen Zahlungsbedingungen.

Der Absatz der fertigen Ware geschah, wie oben schon bemerkt wurde, meist auf dem Hausierwege und zwar teils durch die Verfertiger selbst oder Angehörige von ihnen, teils durch Händler, die sich den Vertrieb der auf eigene Rechnung übernommenen Waren zum selbständigen Gewerbe machten, ihren Wohnsitz auswärts nahmen und von da aus bestimmte Gebiete durchreisten oder in ihrer Heimat seßhaft blieben und von hier aus ihre Fahrten unternahmen, die sie bald längere bald kürzere Zeit von Hause fernhielten. Zu bestimmten Zeiten kehrten diese Händler aber regelmäßig in ihre Heimat zurück, um ihre Familien zu besuchen, ihre Felder zu bestellen, und dann wurden in der Regel auch die Abrechnungen mit den Lieferanten gepflogen.

Von verschiedenen Seiten wird uns gerühmt, daß Geschäftsverluste bei solchen einheimischen Händlern nur selten zu beklagen sind, während man bei auswärtigen Abnehmern und Händlern allerdings größeres Risiko übernehme und vorsichtig sein müsse.

Besonders in den 60er und anfangs der 70er Jahre stand das Hausiergewerbe in großer Blüte. Die Händler, die damals soviel Gulden verdienten als heute Mark, brachten ein schönes Geld nach Hause, die Bürstenmacher hatten flotten Absatz für ihre Waren und sichere Einnahmen, und da ging es in solchen Zeiten oft hoch her in den sonst so ruhigen Schwarzwalddörfchen.

Diese Verhältnisse haben sich aber mit der Zeit ganz erheblich umgestaltet. Die Ursachen des Rückgangs lagen einmal darin, daß die Staaten, die früher das Hauptabsatzgebiet für die Bürstenwaren gebildet haben, die Einfuhr unserer heimischen Produkte durch Erhebung von Zöllen zu verhindern und die Bürstenfabrikation im eigenen Lande einzuführen und zu heben suchten. Nachdem schon Mitte der 60er Jahre der Bürstenhandel in Elsaß-Lothringen auf diese Weise sehr erschwert worden ist, hat sich auch die Schweiz, wohin stets ganz besonders rege Geschäftsbeziehungen bestunden, durch erhebliche Zölle, die neuerdings bis auf 25 Francs pro Centner für grobe und 50 Francs für feine Ware erhöht worden sind, der fremden Konkurrenz gegenüber abzuschließen gesucht, wozu dann noch weiter die vexatorische Einrichtung kommt, daß fast in jedem Kanton wieder ein besonderes Hausierpatent erwirkt werden muß, für welches nicht unerhebliche Taxen entrichtet werden müssen, und daß es weiter noch von dem Belieben der Gemeindevorsteher abhängig gemacht ist, ob sie ausländische Hausierer überhaupt zum Vertrieb ihrer Waren zulassen wollen, für welche Erlaubnis dann wieder besondere Gebühren zu bezahlen sind.

Dazu kam dann weiter, daß seit Einführung der Gewerbefreiheit mehr und mehr Verkaufsläden für Bürstenwaren entstanden sind, daß man fast überall, selbst in kleineren Orten, in den Kramläden Bürsten und dergleichen bekommen kann und daß infolge der zunehmenden Teuerung der Lebensmittel auch der Verdienst erheblich geschmälert worden ist, während andererseits durch die mehr und mehr gesteigerte Konkurrenz die Preise der Waren heruntergedrückt wurden. So wird man es begreiflich finden, daß auch für das Hausiergewerbe die goldene Zeit vorüber war und die Zahl dieser Gewerbetreibenden stetig abnahm. Den gefährlichsten Schlag erhielt das Hausiergewerbe aber dadurch, daß an Stelle des Hausiervertriebs der Bürstenwaren allmählich der direkte kaufmännische Absatz getreten ist, was wiederum aufs engste mit den Änderungen zusammenhängt, die sich mit der Zeit in der Produktionsweise selbst vollzogen haben.

Wohl war es schon in früheren Zeiten der Fall und kommt es auch heute noch vor, daß Hausindustrielle, die sich durch besondere Tüchtigkeit und Rührigkeit in die Höhe gearbeitet hatten, ihr Geschäft in erweitertem Umfang mit fremdem Hülfspersonal betrieben und sich auch auswärts sichere Absatzgebiete zu verschaffen wußten, der Betrieb ging aber doch über den Rahmen des Kleingewerbebetriebs nicht hinaus. Erst vom Jahre 1862 an erfolgte auch hierin ein Umschwung, indem von einem Sohn des oben erwähnten Franz Josef Faller die erste eigentliche Bürstenfabrik gegründet wurde, bei welcher die Anfertigung der Bürstenhölzer mit der Bürstenmacherei selbst vereinigt und ein eigentlicher fabrikmäßiger Arbeitsbetrieb eingerichtet wurde. Dieses Vorbild fand bald Nachahmung, und zur Zeit bestehen in Todtnau allein 5 größere Fabriketablissements, in welchen einschließlich der zugehörigen Filialen allein ca. 350—400 Arbeiter beschäftigt werden, während anderwärts, z. B. in Freiburg und Donaueschingen, ebenfalls bedeutende Fabriken entstanden sind.

Die Vorzüge, welche diese fabrikmäßige Betriebsweise darbietet, sind nun in der That auch recht erheblich. Während die kleinen Bürstenmacher ihre Bürstenhölzer von den Bürstenhölzerfabrikanten beziehen, sind die größeren Fabrikanten in der Lage, ihren Bedarf selbst durch direkten Einkauf des Holzes im großen zu decken, auch ihre sonstigen Einkäufe durch Bezug im großen um mindestens 10—20 Prozent billiger und besser zu bewerkstelligen. Weiter wird durch die in den Fabriken eingeführte Arbeitsteilung, wobei die einzelnen Arbeiter stets mit bestimmten Verrichtungen betraut sind, natürlich auch die technische Fertigkeit dieser Arbeiter bezüglich der einzelnen Manipulationen gehoben; es wurden ferner durch das Fabriksystem ganz erhebliche Fortschritte in der Technik des Betriebes selbst und in der Ausstattung der Waren erzielt, und endlich gelang es der größeren Findigkeit und Kapitalkräftigkeit der Fabrikanten auch einen besseren Absatz für ihre Waren durch Aufsuchung geeigneter Absatzgebiete, Gründung von Verkaufsstellen &c. zu erzielen.

Wenn aus der hierauf zurückzuführenden außerordentlichen Entwicklung, welche die Bürstenindustrie besonders in den 60er Jahren genommen, anfänglich auch die Hausindustrie ihre Vorteile gezogen hat, so ist dies Verhältnis für die letztere allmählich doch ein ganz anderes geworden, wie die weiteren Betrachtungen über die derzeitige Lage derselben deutlich darthun werden.

IV. Wie schon oben ausgeführt worden ist, war die heimische Bürstenindustrie mit dem Hausierbetriebe selbst aufs innigste verbunden. Mit dem Niedergang des Hausierhandels fehlte es auch der Hausindustrie mit der Zeit an Absatzgelegenheit, und es traten Stockungen ein in der Verwertung der Erzeugnisse. Dies führte mit Notwendigkeit dazu, daß die hausindustriell Thätigen andere Abnehmer für ihre Waren suchten. Diese fanden sie dann schließlich bei den großen Fabrikanten, die sich ihre Absatzgebiete gesichert oder neu zu gewinnen gewußt hatten und nun die billigen Produkte der Heimarbeit — gewissermaßen als Lockvögel, wie die Leute sagen — mit ihren eigenen besser bezahlten Fabrikerzeugnissen abzusetzen suchten. Und dieses Verhältnis besteht nun heutzutage als Regel.

Dabei treten aber die Großindustriellen für gewöhnlich nicht selbst als Unternehmer auf. Wohl kommt es ab und zu auch vor, daß sich mit einzelnen Bürstenmachern bestimmte Geschäftsbeziehungen bilden und daß Rohstoffe zum Verarbeiten nach bestimmten Mustern hinausgegeben werden. Das übliche Verhältnis besteht aber darin, daß die häuslichen Bürstenmacher nach wie vor auf eigene Rechnung die Bürstenwaren, wie sie von den Fabrikanten gerade gesucht sind, anfertigen und zu verwerten suchen. Gewöhnlich an den Samstagen wird die fertige Ware nach Todtnau verbracht und dort den Fabrikanten zum Kauf angeboten, die je nach Qualität und Bedarf ihre Preise und zwar gewöhnlich in bar dafür bezahlen. Neuerdings haben auswärtige Fabriken auch ihre Agenten aufgestellt, welche die Waren aufkaufen und bestimmte Prozente dafür beziehen. Daß hierbei auch mitunter die Notlage eines Produzenten ausgebeutet und daß versucht wird, durch Manipulationen allerlei Art die Preise zu drücken, ist begreiflich. Leider kommt es aber auch gar zu häufig vor, daß, besonders bei mangelnder Nachfrage, die Unternehmer selbst sich gegenseitig herunterbieten und, weil sie bedauerlicherweise nicht zu rechnen oder Buch zu führen gewohnt sind und in der Regel auch nicht auf Lager gearbeitet wird, ihre Waren zu solchen Schleuderpreisen losschlagen, daß ein Gewinn geradezu ausgeschlossen ist und der einzige Vorteil für sie vielleicht darin besteht, daß sie mit dem auf Kredit bezogenen Rohstoff etwas bares Geld auf die Hand bekommen. Immerhin wollen wir gerne anerkennen, daß das Verhältnis zu den ortsansässigen Fabrikanten im allgemeinen auf solider Basis beruht und gewissenlose Ausbeutungen, wie sie in anderen Industriebezirken zu beklagen sind, hier doch selten vorkommen und namentlich auch Klagen über die Unsitte des Trucksystems nur ganz vereinzelt laut geworden sind.

Wenn es bei den geschilderten Verhältnissen schon erklärlich ist, daß ein großer Teil des Unternehmergewinns in die Taschen der Zwischenhändler und Verleger fällt, so trägt zur Schmälerung des Verdienstes noch weiter der Umstand bei, daß es gewöhnlich nur ganz geringwertige, einen Gewinn kaum ermöglichende Ware ist, die bei den Verlegern Abnahme findet, und daß, wenn einmal bessere Bürstenwaren gesucht sind, wobei aber dann der Bezug nicht selten von gleichzeitiger Lieferung grober Ware abhängig gemacht wird, die Ablieferung in halbfertigem Zustand zu erfolgen hat, während die völlige Ausstattung in den Fabriken vorgenommen wird. Zieht man noch weiter in Betracht, daß durch die nicht nur durch Fabriken, sondern auch durch Errichtung kleingewerblicher Betriebe allerwärts entstandene Konkurrenz und auch durch die mehr und mehr um sich greifende Einführung der Bürstenmacherei in Gefängnissen, Spitälern ꝛc. die Preise für die fertigen Waren sehr gedrückt worden sind — gegenüber den 60er Jahren wohl um ca. 20 Procent —, so darf man sich nicht wundern, daß, obwohl für das Rohmaterial in den letzten 25 Jahren eine erhebliche Preisänderung nicht eingetreten ist, der Verdienst in der Bürsten-Hausindustrie ein außerordentlich geringer ist.

Wie uns von ganz zuverlässiger Seite mitgeteilt worden ist, vermag eine gewandte Arbeiterin, die vom frühen Morgen bis in die späte Nacht hinein unabläßig an der Arbeit sitzt, etwa 1 Dutzend (sog. 10er) Kleiderbürsten, mit ca. 308 Loch das Stück, zusammen also ca. 3700 Loch fertig zu bringen. Für diese fertige Ware erhält sie vom Abnehmer ca. 2 Mark 40 Pfg., sonach für 1000 Loch ca. 65 Pfg.; da das erforderliche Rohmaterial aber selbst gestellt werden muß und sich für obiges Dutzend Bürsten nach sorgsam aufgestellten Berechnungen auf ca. 1 Mark 66 Pfg. beläuft, so ergiebt sich der Restbetrag von ca. 73 Pfg. Bringt man aber dann weiter noch den Aufwand für Holz und Licht in Anrechnung, der während der langen Winterszeit nicht unerheblich ist, und bei der Ablieferung in Todtnau, in welchem Fall auch 2 Mark 50 Pfg. bezahlt werden, den dadurch bedingten Zeitverlust, so wird man wohl sagen dürfen, daß es gut gehen muß, wenn der reine Tagesverdienst, welcher der Arbeiterin günstigen Falls verbleibt, auf 60—65 Pfg veranschlagt werden kann. Dieser Berechnung ist aber eine Bürstenart zu Grunde gelegt, welche gerne verfertigt wird, weil die Arbeit dabei am flinksten vorangeht. Bei gewöhnlichen Wichsbürsten, Anstreichbürstchen rc. stellt sich der Verdienst im allgemeinen noch geringer.

Gegenüber diesem Verdienst der Arbeiterinnen steht nun aber das Ergebnis der Männerarbeit noch zurück, da erstere erfahrungsgemäß mit ihren gelenkigeren Fingern ein größeres Arbeitsquantum leisten können. Nur mit den Reiswurzelwaren, deren Verfertigung ausschließlich Männerarbeit ist, kann ein höherer Verdienst erzielt werden, jedoch gerade diese Waren sind jetzt auch Reservat der Fabriken.

Günstiger stellen sich die Löhne im allgemeinen für die bei andern Unternehmern beschäftigten Hülfsarbeiter, indem Frauenspersonen nebst der Kost, zu etwa 60 Pfg. pro Tag anzuschlagen, einen Wochenlohn von ca. 4—5 Mark beziehen, Mannspersonen einen solchen von 5—6 Mark. Wieviel Verdienst hierbei aber dem Unternehmer selbst verbleibt, läßt sich natürlich schwer bestimmen; nach den uns vorgebrachten Klagen, die ja zum Teil auch etwas übertrieben sein mögen, dürfte derselbe aber den Verdienst der Gehülfen nicht erheblich übersteigen. Was die großen Fabriken in Todtnau anbelangt, so wird hier meist im Akkord gearbeitet und kann sich hierbei ein gewandter Arbeiter auf 2—3 Mark im Tag stellen, während der Durchschnittsverdienst sich für männliche Arbeiter immerhin auf 1 Mark 50 Pfg. bis 2 Mark, für weibliche auf 1 Mark 25 Pfg. bis 1 Mark 50 Pfg. belaufen wird.

Wenn nun durch den geringen bei der Hausindustrie erzielten Gewinn, wie er sich mit kleinen Schwankungen seit Jahren ergeben hat, eine eigentliche Notlage noch nicht hervorgetreten ist und es einzelnen Familien sogar möglich war, sich noch etwas zu ersparen und ihren Besitz zu vermehren, so hängt dies eben damit zusammen, daß die Leute in stumpfer Ergebenheit auch schlechte Zeiten ertragen, daß sie im allgemeinen sehr fleißig sind, außerordentlich anspruchslos und dürftig leben und daß bei der Möglichkeit der Anspannung der Kräfte einer zahlreichen Familie auch der kleinste Gewinn sich schließlich summiert. Im weiteren liegt der Hauptgrund aber darin, daß fast durchweg die Bürstenmacherei in Verbindung mit der Landwirtschaft getrieben wird, indem die meisten selbständigen Bürstenmacher mindestens einen Acker besitzen, auf dem sie Kartoffeln pflanzen, auch ein Stück

Wiesenland zu eigen haben und eine Kuh oder ein paar Ziegen halten können, die sie den Sommer über auf die allgemeine Gemeindeweide treiben dürfen. Gerade durch die Verbindung dieser Beschäftigungen, die übrigens auch auf die gesundheitlichen Verhältnisse der Bevölkerung günstig einwirkt, ergiebt sich nicht selten ein Ausgleich im Arbeitsverdienst überhaupt, und es ist dies auch die Ursache, warum zeitweilige Arbeitsstockungen auch selten so schlimme Wirkungen zeigen wie anderwärts, wo alles auf dem Gewerbe basiert, während andererseits aber auch nicht zu verkennen ist, daß gerade dieser Besitz den Industriellen thatsächlich auch nicht selten an Entfaltung seiner vollen Kräfte hindert und ihn mitunter mit einem Verdienst sich begnügen läßt, bei dem von produktiver Arbeit nicht mehr gesprochen werden kann.

V. Richten wir nun von der hiernach gewonnenen Grundlage aus einen Blick in die Zukunft, so ist, wiewohl dank der gerade in jüngster Zeit erfolgten größeren Bestellungen für die deutschen Militärverwaltungen der Absatz zur Zeit etwas flotter ist und damit auch der Verdienst im allgemeinen etwas günstiger sich stellt, das Bild doch ein recht düsteres, welches unserem geistigen Auge sich darbietet. Wie es bei verschiedenen anderen Hausindustrieen der Fall gewesen ist, so wird, wie wir entschieden befürchten müssen, auch die häusliche Bürstenindustrie mehr und mehr durch die Großindustrie verdrängt und schließlich vernichtet oder doch allmählich auf eine solch niedere Stufe heruntergedrückt werden, daß ihr nur noch die Herstellung der billigsten Schundwaren verbleibt, weil sie nur für diese Absatz hat und die Fertigkeit zur Produktion feinerer Waren nach und nach überhaupt verloren geht. Und wäre ein solches Aufgehen in die großartig entwickelte Fabrikindustrie denn so sehr zu beklagen? Wohl könnte man dazu kommen, diese Frage zu verneinen, wenn man lediglich die günstigeren Lohnverhältnisse in den Fabriken und die Sicherheit des Verdienstes ins Auge faßt und sich auch gestehen muß, daß die meist vorhandenen geräumigen Fabriklokale den Arbeitsräumen der Hausindustriellen gegenüber entschiedene Vorteile bieten. Wenn man sich aber vergegenwärtigt, wie das Fabriksystem trotz der in den Todtnauer Fabriken waltenden günstigeren, wir möchten fast sagen, patriarchalischen Verhältnisse doch mancherlei Gefahren für das sittliche Leben der Bevölkerung in sich schließt und leicht ein Proletariat heranzieht, dessen Glieder in der dumpfen Einförmigkeit der Beschäftigung ihre körperliche und geistige Spannkraft und leicht auch die wirtschaftliche Widerstandsfähigkeit verlieren, während für die Hausindustriellen die nebenher gehende landwirtschaftliche Thätigkeit eine Quelle steter Erfrischung bietet, wenn man weiter in Berücksichtigung zieht, wie bei dem geringen Umfang des Landwirtschaftsbetriebs eine Verwertung der Arbeitskräfte sämtlicher Familienglieder in anderen Erwerbszweigen nicht nur möglich, sondern zur wirtschaftlichen Erhaltung der Familie auch durchaus notwendig ist, wenn man endlich Wert legt auf das Zusammenverbleiben der Familie und auf die Bewahrung einer unabhängigen bäuerlichen Bevölkerung, so wird man sich wohl sagen müssen, daß die Erhaltung der häuslichen Bürstenindustrie dringend gewünscht werden muß und daß es Pflicht aller maßgebenden Faktoren sein dürfte, soweit immer möglich darauf hinzuwirken, wenigstens in den Gemeinden, wo die Bevölkerung noch im stande ist, sich zu einer größeren Regsamkeit aufzuraffen, die Bürstenmacherei als Heimarbeit zu erhalten, während an anderen Orten die Errichtung von Fabriken, bezw. Filialen von bestehenden Geschäften dem bestehenden Zustande entschieden vorzuziehen wäre.

Die Mittel und Wege aber anzugeben, wie dieses Ziel erreicht werden kann, das ist nun allerdings eine schwere Aufgabe und zwar um so mehr, als auch die verdienstvolle und wirtschaftlich hochwichtige Fabrikindustrie ständig schwere Konkurrenzkämpfe zu bestehen hat und daher auch die wohlwollendste Rücksichtnahme und Fürsorge für sich beanspruchen kann. Die Beteiligten selbst stehen der Frage ziemlich ratlos gegenüber und wissen zum Teil nur Vorschläge zu machen, die einfach undiskutierbar sind. Mit dem verständigsten Teil der vernommenen Vertrauensmänner gehen wir darin einig, wenn wir sagen, daß eine Besserung im Zustande der Bürstenindustrie nicht nur auf dem Wege direkter oder indirekter Staatshülfe, die nicht entbehrt werden kann, sondern auch dadurch erstrebt werden müßte, daß die beteiligten Kreise selbst eine erhöhte Thätigkeit entfalten und besonders auch durch engeres Zusammenschließen sich in die Möglichkeit versetzen, in den schweren Kampf mit der Großindustrie eintreten zu können.

In der ersteren Richtung handelt es sich unseres Erachtens vor allem darum, durch eine entsprechende Ordnung des Schulunterrichts nicht nur die intellektuelle, sondern auch die fachliche Ausbildung der Jugend zu fördern. Besonders in den Fortbildungsschulen wäre auf Erteilung eines sachgemäßen Zeichenunterrichts, auf das gewerbliche Rechnungswesen, Fertigung von Geschäftsaufsätzen, Anleitung zu einer zweckentsprechenden Buchführung und dergleichen mehr besonders Gewicht zu legen. Von welcher Wichtigkeit weiter die Erteilung eines sachgemäßen gewerblichen Unterrichts ist und wie dadurch und durch Errichtung von Musterlagern u. a. m. die Leistungsfähigkeit des Gewerbes gehoben werden kann, haben die staatlichen Bemühungen in den 60er Jahren klar gezeigt und geben uns diese Erfahrungen sowie die Erfolge, die anderwärts mit solchen stehenden und wandernden Fachschulen gemacht worden sind, für die Zukunft den besten Fingerzeig.

Wenn man sich nun auch nicht verhehlen kann, daß die Verfertigung der feineren, lohnenderen Waren für die Zukunft wohl in erster Reihe den Fabriken und der Hausindustrie mehr die Produktion der für den Massenabsatz dienlichen Waren verbleiben wird, so wird doch durch Erhöhung der technischen Fertigkeit, durch Hebung des Formensinns und des Geschmacks auch mancher hausindustrielle Betrieb in die Lage versetzt sein, die Konkurrenz mit der Großindustrie zu bestehen, während jetzt mit Recht darüber geklagt wird, daß mit dem derzeitigen Arbeitspersonal, das der feineren Arbeit mehr und mehr entwöhnt wird, leider sehr wenig ausgerichtet werden kann. Gerade auf die Erhaltung solcher größerer hausindustriellen Betriebe in den Ortschaften selbst, wobei neben den Angehörigen auch noch verschiedene Gewerbsgehülfen und vielleicht auch noch andere Familien zu Hause beschäftigt werden, muß unserer Ansicht nach großes Gewicht gelegt werden, und wir glauben, daß es sich durchaus rechtfertigen ließe, strebsame tüchtige Unternehmer dieser Art geeigneten Falls auch durch staatliche Beihülfe zu unterstützen, selbst auf die Gefahr hin, daß aus ihnen selbst wieder mit der Zeit großindustrielle Betriebe herauswachsen könnten. In gleicher Weise wäre auch die Gründung von größeren Verkaufsgeschäften für die Produkte der Heimindustrie in den betreffenden Gemeinden selbst thunlichst zu fördern.

Von nicht geringerer Wichtigkeit aber als diese Aufgaben auf dem Gebiete staatlicher Fürsorge sind auch die Bestrebungen auf dem Gebiete der Selbsthülfe, und zwar hätten sich dieselben, wie dies ja auch bei anderen gewerblichen Zweigen als zwingende Notwendigkeit hervorgetreten ist, auch bei unserer Industrie zumeist auf dem Gebiete des genossenschaftlichen Lebens zu bewegen. Durch die Gründung von Rohstoffgenossenschaften würde die Möglichkeit gegeben sein, sich der Vorteile, welche die Großindustrie durch Einkauf im großen erzielt, ebenfalls teilhaftig zu machen. Die Gründung von Kreditvereinen, Produktiv- und Magazingenossenschaften würde auch kleine Unternehmer kapitalkräftiger machen und in die Lage versetzen, sich auch um größere Bestellungen, auf die jetzt häufig wegen der Lieferungsbedingungen nicht eingegangen werden kann, zu bewerben, entferntere Absatzgebiete aufzusuchen und besonders auch die Ausbeutung durch gewissenlose Aufkäufer zu verhüten; endlich wäre auch die Bildung von Vereinigungen zur Vertretung der gemeinschaftlichen Interessen der Bürstenmacher aufs angelegentlichste zu empfehlen. Bei dem großen Mangel an geeigneten Persönlichkeiten, die befähigt und opferwillig genug sind, solche wichtigen Fragen in die Hand zu nehmen und zur Durchführung zu bringen, wird aber auch die staatliche Beihülfe durchaus nicht entbehrt werden können.

Wenn wir schließlich noch die Klagen über die Konkurrenz der Gefängnisarbeit, welche unsere ganze Bürstenindustrie schwer trifft, kurz berühren, so glauben wir uns im Hinblick auf das in dieser Richtung bei uns bereits Geschehene auf die Bemerkung beschränken zu dürfen, daß, wie wir vertrauen, eine Regierung, die sich so ernstlich angelegen sein läßt, die Wohlfahrt des Gewerbes auf allen Gebieten zu fördern, gewiß auch sorgsam darauf Bedacht nehmen wird, daß bei der Gefangenenarbeit das finanzielle Interesse nicht zu sehr in den Vordergrund tritt und daß jedenfalls nicht durch Zulassung unreeller Unternehmer und durch Festsetzung von Vergütungen, die mit den sonst bezahlten Löhnen nicht im Einklang stehen, ein Gewerbszweig geschädigt wird, auf dessen gedeihlicher Entwicklung das Wohlergehen eines größeren Bevölkerungskreises beruht.

Wir kommen zum Schlusse unserer Betrachtungen, die, wenn sie sich zunächst auch nur auf unsere engere badische Heimat beziehen, wohl auch für andere Gegenden, wo die Bürstenindustrie als häuslicher Erwerbszweig Eingang gefunden und sich vielleicht unter ungünstigeren Verhältnissen entwickelt hat, zutreffend sein dürften.

Wenn wir uns dabei auch nicht verhehlen können, daß sich allen auf Erhaltung und Förderung der häuslichen Bürstenindustrie gerichteten Bestrebungen und besonders solchen, welche auf genossenschaftliche Vereinigungen abzielen, wie sich dies auch früher schon gezeigt hat, bei dem zurückhaltenden, aller Neuerung abgeneigten Charakter der Bevölkerung und dem gegenseitigen geschäftlichen Mißtrauen schwere, in einzelnen Gemeinden fast unüberwindliche Hindernisse in den Weg stellen werden, so wird man sich hierdurch und die früheren Mißerfolge nicht abhalten lassen dürfen, doch unentwegt auf diesem Gebiete weiterzustreben. Ein Zuwarten würden wir für sehr bedenklich halten. Jede wirtschaftliche Krisis kann hier unabsehbare Folgen nach sich ziehen, zumal auch im landwirtschaftlichen Betrieb vielfach recht unrationell gewirtschaftet wird und besonders auch der so hochwichtigen Viehzucht durch zweifellosen Rückgang der Weiden bei dem derzeitigen Ausbeutungssystem schwere Gefahren drohen. Wenn man dann aber erst eingreifen wollte, so dürfte es vielleicht zu spät sein oder die Aufgabe sich noch unendlich schwieriger gestalten.

Eine bedenkliche Schädigung unserer Großindustrie vermögen wir aber in diesen Bestrebungen auch nicht zu erblicken. In den Wettkampf mit einer gesunden Hausindustrie, die thatsächlich zu rechnen versteht und nicht dadurch, daß sie die Produkte ihres Fleißes zu Schleuderpreisen verbreitet, den Wert der Waren überhaupt herunterdrückt und die bei wirklicher Unproduktivität ihrer Leistungen ihre Arbeitskräfte zum Teil auch anderen Erwerbszweigen (z. B. Taglöhnerarbeiten, Holzmacherei, Beerengewinnung und dergleichen) zuzuwenden vermag, dürfte auch sie sich zu weiterer Blüte entwickeln können und in die Lage kommen, auch die Reihen ihrer Arbeiter mit besser geschulten, arbeitstüchtigen Kräften zu ergänzen.

Mögen diese Ausführungen, die bei dem uns zugemessenen Raum zum Teil nur skizzenhaft gehalten werden konnten, auch an den maßgebenden Orten eine wohlwollende Würdigung und Beachtung finden und dazu beitragen, dem schönen Wiesenthale mit seiner biedern, arbeitsamen Bevölkerung eine Nahrungsquelle zu erhalten, deren Versiegen oder Nachlassen schweres Leid für die ganze Gegend bringen würde.

IV.

Die Uhrenindustrie des Schwarzwaldes.

Bearbeitet

von

Professor **F. Anton Hubbuch,**

Maschineningenieur, Vorstand der Großh. Badischen Uhrmacherschule in Furtwangen.

---

1. Geschichte der Uhrenindustrie.

Die Wiege der Uhrmacherei steht inmitten der rauhen Thäler des badischen Schwarzwaldes. Es läßt sich die Geschichte einer so weit verzweigten eigenartigen Industrie nicht darstellen, ohne einige Bemerkungen über die geographische Lage des Gewerbegebietes und über die charakteristischen Eigenschaften seiner Bewohner voranzusetzen.

Unter Schwarzwald im geographischen Sinne versteht man jenen bekannten Gebirgszug, der sich von Basel ab westlich gegen den Breisgau, nördlich gegen das Albthal und die Gegend von Pforzheim und östlich der württembergischen Grenze entlang und teilweise über dieselbe hinaus erstreckt. Die Bevölkerung der in der Mitte dieser Thäler und Gebirgsabhänge liegenden Amtsbezirke Triberg, Villingen und Neustadt treibt die Uhrmacherei und deren Hülfsgewerbe. Die hier wohnenden Wälder sind arbeitsam, ausdauernd, genügsam bei mühsamer Arbeit, mit natürlichem Verstande und gesunder Urteilskraft begabt, mutig und tapfer, in religiöser Beziehung frommgläubig, ohne das Recht persönlich freien Denkens und Handelns aufzugeben.

Die teilweise Unergiebigkeit des Bodens hat in diesen schwarzwäldischen Hochlanden frühzeitig den Sinn für gewerbliche Thätigkeit geweckt und ausgebildet. Vor dem 17. Jahrhundert lebten die Schwarzwälder als

Bauern in ängstlicher Abgeschlossenheit gegen den Verkehr mit Menschen, die außerhalb ihrer Berge wohnten. Sie waren bis dahin völlig zufrieden mit den kärglichen Nahrungsmitteln, die sie dem unfruchtbaren Boden mühsam abgewinnen mußten.

Die Kriege des 17. Jahrhunderts jedoch brachten diese Wälder in Beziehung mit einquartierten Soldaten und lehrten dieselben neue, vorher kaum geahnte Bedürfnisse kennen. Die traurigen Folgen des Krieges rüttelten an dem Stillleben dieser Leute und zwangen sie zu einer größeren Betriebsamkeit, als die bisherige gewesen war.

Abt Paul[1] in St. Peter ließ im Jahre 1683 behufs Zuführung einer neuen Erwerbsquelle in den Waldungen des heute noch in seinen Baulichkeiten bestehenden Klosters eine Glashütte anlegen, die den Anstoß zur Uhrenfabrikation auf dem Schwarzwalde gegeben hat.

Es fanden sich nämlich alsbald aus den umliegenden Gemeinden Männer ein, die die in der Glashütte des Knobelwaldes gefertigten Waren nach dem Breisgau, nach Elsaß und nach dem Niederrhein trugen und dieselben dort verkauften oder gegen andere Gebrauchsgegenstände einhandelten.

Einer dieser sogenannten Glasträger kaufte auf einer solchen Hausierreise in der Rheingegend von einem böhmischen Glashändler in den achtziger Jahren des 17. Jahrhunderts eine hölzerne Stundenuhr und brachte dieselbe mit nach seiner Heimat[2]; sie wurde in der Gegend bekannt, und alsbald machten sich Lorenz Frey, ein Schreiner in der Spürzen, Pfarrsprengel St. Märgen, und Kreuz, ein Kleinbauer auf der Röbeck in der Gemeinde Waldau, sowie Simon Henninger zu St. Georgen im Stockwalde daran, diese Uhr nachzuahmen. Der Versuch gelang, jedoch waren diese ersten Anfänge der Uhrenindustrie ohne weiteren Erfolg. Der Schwarzwald hatte in den Jahren 1689—1712 viel durch die Kriege zu leiden und erst mit dem Utrechter Frieden — 1713 — wurde jene Ruhe hergestellt, die zur Wiederaufnahme einer industriellen Thätigkeit unter seinen Bewohnern erforderlich war.

Die natürliche Anlage zu einer mechanischen Thätigkeit war vorhanden und der Trieb, dieselbe zur Entfaltung zu bringen, war bestimmend für die weitere Entwicklung des gewerblichen Lebens. Die Kunst der Anfertigung

---

[1] Siehe die Schrift: „Tryberg, Versuch einer Geschichte der Industrie und des Handels auf dem Schwarzwalde“ von Jäck, aus Fahnenbergs Magazin für Handel u. s. w. Konstanz 1826.

[2] Es liegt im Bereiche der Möglichkeit, daß diese Uhr aus Niederösterreich stammte, da daselbst im 17. Jahrhundert ebenfalls schon Holzuhren angefertigt worden sind.

hölzerner Uhren, wie sie seiner Zeit von Frey und Kreuz betrieben worden war, hatte sich in kleinem Rahmen durch Überlieferung erhalten, so daß es erklärlich erscheint, wenn sich zu Anfang des 18. Jahrhunderts, etwa um das Jahr 1725, an verschiedenen Orten gleichzeitig die Produkte dieses neuen Strebens zeigten und sich Simon Dilger aus Schollach, geb. 1672, Johann Duffner aus Schönwald, geb. 1673, Franz Ketterer ebendaselbst, geb. 1676, und Matthias Löffler aus Gütenbach, geb. 1680, mit der Anfertigung hölzerner Uhren beschäftigten.

Von diesen waren es jedoch nur die Häusler Simon Dilger und Franz Ketterer, welche die begonnene Beschäftigung fortsetzten, während die andern der Bewirtschaftung ihres Bauernhofes den Vorzug vor der Uhrmacherei gaben. Dilger und Ketterer wurden somit die Patriarchen der Uhrmacherfamilien; sie verbreiteten durch ihre Söhne und Lehrlinge die Uhrmacherei in immer weitere Kreise und führten ihr neue Arbeitskräfte zu, die zur Befestigung und Ausbildung derselben beitrugen. Es konnte dies um so leichter geschehen, als bei der bestehenden Tradition, wonach der Hofbesitz auf den Letztgeborenen überging, die fast leer ausgegangenen Geschwister sich ohnehin einen anderen Erwerb suchen mußten, wollten sie nicht als Dienstboten bei ihrem Bruder im elterlichen Hause verbleiben.

Schon im Jahre 1740 zählte man an den verschiedensten Orten des Schwarzwaldes 31 selbständige Uhrmachermeister; sie legten durch ihr Talent, durch Fleiß und Ausdauer das Fundament zu einem Industriezweige, der sich von Generation zu Generation forterbte und bis auf den heutigen Tag sich erhalten hat.

Es ist begreiflich, daß das große Aufsehen, welches die ersten Uhren machten, mehr in dem Reiz der Neuheit und in der Eigentümlichkeit der Konstruktion lag als in der Güte und Brauchbarkeit derselben. Die Uhr war noch im höchsten Grade unvollkommen, sie hatte in einem Holzrahmen 2 hölzerne Räderpaare mit 3 Wellen, wovon eine den einzigen, sogenannten Stundenzeiger trug. Der Regulator war ein Wagebalken mit verhängbaren Gewichtchen, und die Stelle der Hemmung vertrat ein Spindelgang ordinärster Art. Als Treiborgan kam eine Schnur in Anwendung, an welche ein Gewichtstein aus Granit gehängt wurde. So einfach das Werk, so einfach waren aber auch die Werkzeuge, die in der Hauptsache ein Zirkel, eine kleine Säge, einige Bohrer und ein Messer ausmachten.

Bei dieser Unvollkommenheit ist es erklärlich, wenn die hölzernen Uhren auf die Länge der Zeit keinen großen Absatz fanden, indem sie für den Begüterten zu roh und unscheinbar, für den Armen aber immerhin noch zu teuer waren. Die Uhrmacher mußten daher, wenn sie ihre liebgewordene Beschäftigung nicht wieder aufgeben wollten, sich bemühen, ihre Produkte zu verbessern und zu vervollkommnen, was auch den findigen Köpfen in der verschiedenartigsten Weise gelang.

Zunächst wurde der Ablauf der Stunden hörbar kundgegeben, indem man den Uhren ein zweites Räderwerk — das Schlagwerk — anschloß, das ein Glasglöckchen durch einen anschlagenden Hammer zum Tönen brachte. 1730 finden wir Franz Anton Ketterer in Schönwald mit der Anfertigung von Uhren beschäftigt, die einen Vogel bewegten und bei denen die Stunden durch den Kuckucksruf angekündigt wurden. Friedrich Dilger, Sohn des Altmeisters Simon Dilger, kam auf seinen Hausierreisen nach Paris, um bei den Uhrmachern dieser Stadt alles für die heimatliche Kunst Verwendbare zu erlernen. Er kehrte nach einjährigem Aufenthalte daselbst in seine Heimat zurück und zeigte alsbald seinen Genossen Uhren, auf denen beim Stundenschlag hölzerne Figuren bewegt oder bei denen durch Druck auf eine Feder Feuer geschlagen wurde.

Im weiteren Verlauf der Entwicklung des Gewerbes wurden die Uhren allgemein dahin abgeändert, daß sie nicht, wie bisher, alle 12 Stunden, sondern erst nach 24 Stunden wieder aufgezogen werden mußten, welche Verbesserung sich bis zum Jahre 1780 sogar dahin ausdehnte, daß man Uhren von achttägiger Gangzeit lieferte.

1740 begann man damit, die Unruhe der Uhr durch ein kurzes Pendel — vor dem Zifferblatt schwingend —, 1750 die hölzernen Triebe durch Drahttriebe und später die hölzernen Räder durch solche aus Metall zu ersetzen; Johann Siedle in Neukirch ahmte die englischen Uhrwerke nach, indem er solche vollständig aus Metall fertigte.

Haben sich im Laufe der Zeit bis zu Anfang des 19. Jahrhunderts die Produkte der Uhrmacherei wesentlich verändert, so sind auch die Arbeitsweisen und Werkzeuge erheblich andere geworden. Frühzeitig bildete sich die Teilarbeit aus, durch die allein es möglich wurde, daß bei den immer mehr sinkenden Preisen der Uhren die Uhrmacher des Schwarzwaldes den Unterhalt finden konnten, der allerdings nur bei großer Genügsamkeit und Bedürfnislosigkeit ausreichte.

So verlegte sich zunächst eine Anzahl Häusler auf die Gestellmacherei; sie lieferten dem Uhrmacher das vorgeschriebene Gerippe zur Uhr in Buchenholz, in welches er nur seine vorgearbeiteten Räder einzusetzen brauchte.

Zu Anfang machte das Zifferblatt einen Teil des Gestelles aus und wurden die Ziffern mit Tinte oder schwarzer Farbe aufgemalt, ein darüber gestrichener Firnis sollte die Haltbarkeit herbeiführen. Erst ums Jahr 1770 bemalte der Dörflemathis aus der Rothwasser-Glashütte die nunmehr vom

Gestell getrennten Uhrschilde mit bunten Ölfarben, andere überklebten dieselben auch mit Papierzeichnungen. 1780 wurde der aus Bleiweiß und Kreide hergestellte Untergrundlack erfunden und gestattete derselbe ein Auftragen der grellsten Farben in solidester Weise. Lange Jahre war die Herstellung der Zifferblätter Handarbeit, bis es dem Matthias Grieshaber in Gütenbach ums Jahr 1740 einfiel, sich für eine bestimmte Sorte von Zifferblättern Kupfertafeln stechen zu lassen, deren Bild er vermittels einer Bilderpresse auf die Schildbrettchen abdruckte und letztere sodann bemalte.

Die für die Schlagwerke der Uhren nötigen Glasglöckchen hielten vielfach den Transport der Uhren nicht aus, weshalb der mehrgenannte Friedrich Dilger 1740 nach Solothurn ging, um sich dort Glöckchen aus Metall gießen zu lassen. Späterhin wurde der Bezugsort für diese Bestandteile nach Nürnberg verlegt und jahrelang wanderte eine große Summe Geldes nach diesem Orte, bis gegen Anfang der zweiten Hälfte des vorigen Jahrhunderts sich Paul Kreuz bei Waldau daran machte, selbst Glocken zu gießen. Nach gelungenen Versuchen entstanden bald mehrere Gießereien auf dem Schwarzwalde, so insbesondere in Neukirch die von Matthias, Johann und Andreas Siedle, deren Nachkommen gleichen Namens jetzt noch das ererbte Gewerbe ausüben.

Vielfach verbesserten die Uhrmacher die zur Ausübung ihres Berufes nötigen Werkzeuge selbst, in den meisten Fällen brachten aber die Söhne des Waldes, welche mit den gefertigten Uhren in ferne Länder zogen, solche mit nach Hause; auch gab der Professor der Mathematik an der Universität Freiburg — Thaddäus Rinderle — vielfach Anregung zur Herstellung neuer Werkzeuge, und ihm ist insbesondere die verbesserte Konstruktion eines der wichtigsten Hülfsmittel der Uhrmacherei — des Spindelbohrers — zu verdanken.

Wir stehen mit unserer Geschichte an der Schwelle dieses Jahrhunderts, jedoch nicht mit den günstigen Resultaten, welche die seitherige Entwicklung der Industrie erhoffen ließ. Der Uhrmacher fand in seiner hingebungsvollen Arbeit seine Befriedigung nicht mehr. Er selbst konnte bei seinen mangelnden kaufmännischen Kenntnissen nicht Handel mit dem Auslande treiben, hatte er nicht da und dort einen verwandten Händler in der Person eines Sohnes oder sonstigen Familienmitgliedes. Die meisten Uhren mußten an Packer, welche sich an den uhrenmachenden Schwarzwaldorten niedergelassen hatten, abgesetzt werden, und solche oft zweifelhafte Geschäftsvermittler drückten die Preise immer mehr. Der Uhrmacher, Schildmaler, Gießer &c. mußte dem Packer große Borgfristen gewähren und, da letzterer Kaufmann oder Wirt oder auch beides zugleich war, so hatte der Kleinmeister Gelegenheit, seinen mühsamen Erwerb anstatt durch Geld, durch schlechte teure Waren ausgelohnt zu sehen. Es kam infolge dieser unlauteren Geschäftsmanipulation sogar oftmals soweit, daß der Packer die Uhren um billigeren Preis losschlagen konnte, als sie ihm vom Uhrmacher in Rechnung gestellt waren; den Verdienst zog in diesem Falle der Packer aus den dem Häusler teuer angehängten Waren [1].

Manchmal nicht besser fuhren die Gewerbetreibenden, welche die Uhren an Schwarzwälder oder an fremde Händler direkt verschickten. Erstere waren durch das Umherziehen in ferner Gegend mit moderneren Bedürfnissen des menschlichen Lebens bekannt geworden und verbrauchten für die Nachahmung derselben Geld, welches zur Deckung der Warenschulden in der Heimat hätte verwendet werden sollen. Jahrelang saß der Uhrmacher oft da, mit den Seinen von früh bis spät schindend und schaffend, kaum soviel einnehmend, um einen seinen Mühen entsprechenden Lebensunterhalt zu genießen.

Zu diesen mißlichen Verhältnissen trat nun noch die Konkurrenz. Bei den gedrückten Preisen war der Schwarzwälder seit Decennien nicht mehr auf Verbesserung seiner Fabrikate bedacht, — im Gegenteil, er wollte durch rasche Herstellung und zahlreichere Lieferung schlechter Uhren den Verdienstausfall decken, — und so kam es, daß bessere Uhren aus Frankreich, England, Amerika eingeführt wurden, welche der altmodischen Schwarzwälderuhr das Absatzgebiet streitig machten. Auch fällt in diese Zeit die Einführung der Uhrenindustrie auf dem württembergischen Schwarzwalde, insbesondere in Schwenningen und an den Vororten des Heubergs, durch Leute, welche als Lehrbuben und Knechte hüben gedient hatten und nunmehr wieder den heimatlichen, etwas ergiebigeren Boden aufsuchten; die Produktion wurde hierdurch vergrößert, das Absatzgebiet geschmälert, und Versammlungen, welche die Uhrmacher zur Besprechung der Besserung ihrer Lage in den 20er, 30er und 40er Jahren abhielten, lieferten keine Aussicht auf Herbeiführung anderer Verhältnisse; die Regierung, welche die Lage durch Beamte erheben und studieren ließ, fand gleichfalls keinen Ausweg, trotzdem es an geeigneten, zum Teil absonderlichen Vorschlägen aus der Reihe tüchtiger Meister nicht fehlte. Die einen wollten die Zahl der Uhrmacher eingeschränkt wissen, die andern verlangten die Entziehung des Uhrenhandels für Packer und sonstige Kaufleute auf gesetzlichem Wege und die Errichtung von Gemeindelagern für fertige Uhren mit Staatsunterstützung u. s. w. Man sah endlich ein, daß ohne eine Vereinigung

---

[1] Siehe „Uhrengewerbsblatt für den Schwarzwald", Jahrgang 1847 u. ff.

nichts zu erzielen sei, und gründete unter Vorantritt der tüchtigsten Meister im Jahre 1847 in Schönenbach den „Gewerbeverein für den Uhren machenden Schwarzwald", dem alsbald Hunderte von Meistern beitraten. Dieser Verein sollte zunächst Beziehungen zwischen der Regierung und den Industriellen anbahnen, um die Wünsche der letzteren in geeigneter Form an maßgebender Stelle zum Ausdruck bringen zu können. Die Ziele desselben, welche in einem sorgfältig ausgearbeiteten Statut zum Vorschein kamen, waren lobenswert und erfuhren von der Regierung die weitgehendste Berücksichtigung. Zunächst wurde die Einrichtung einer Uhrmacherschule ins Auge gefaßt, und konnte eine solche — trotz umfangreicher Vorarbeiten — im März des Jahres 1850 bereits eröffnet werden. Sie stellte sich zur Aufgabe, die Uhrenindustrie nach allen möglichen Richtungen zu fördern durch Einführung der Fabrikation von Zugfederuhren, Normaluhren, kunstgerechten Uhrkasten u. s. w. Sie erzielte unter der vorzüglichen Leitung des Baurats R. Gerwig die trefflichsten Resultate und brachte neues Leben in Handel und Industrie des Schwarzwaldes. Die Uhr, welche nach und nach vom Publikum nicht nur als Zeitmesser, sondern auch als Zimmerschmuck betrachtet wurde, erfuhr durch Anwendung von Blech- oder Glaszifferblättern und Einführung verschiedener sonstiger Dekorationsweisen der Kasten ein erneutes Aussehen, und das Absatzgebiet in ferne Länder erweiterte sich wieder zusehends.

In diese Zeit fällt auch die Anlage von größeren Etablissements für Anfertigung massiver Uhrwerke. Die Triebe, welche zu den ganz aus Metall hergestellten Uhrwerken gebraucht wurden, gingen oftmals äußerst mangelhaft aus den Werkstätten einiger Kleinmeister hervor. Die Aussicht auf einen weitgehenden Absatz dieser Uhrenteile brachte den in Diensten des Musikwerkmachers Ignaz Schöpperle in Lenzkirch stehenden Mechaniker Eduard Hauser Ende der 40er Jahre auf den Gedanken, mit seinem Meister ein Geschäft zur Anfertigung von Stahltrieben und sonstigen Bestandteilen zu etablieren. Hauser, ausgestattet mit einer weitgehenden Erfindungsgabe für die Herstellung automatischer Maschinen, fand in der einförmigen Fabrikationsweise seine Befriedigung nicht und wurde durch das Vorhandensein einer vorzüglichen Einrichtung, welche mit großer Präcision arbeitete, von dem Wunsche beseelt, in einer Fabrik ganze Uhren nach neuer Methode herstellen zu können. Das nötige Kapital und eine kaufmännische Kraft zur rationellen Führung der Geschäftsverwaltung fand sich, und so wurde im August 1851 die in der ganzen Welt rühmlichst bekannte „Aktiengesellschaft für Uhrenfabrikation in Lenzkirch" errichtet. Der heute noch thätige Direktor Albert Tritscheller von Lenzkirch wurde ins Ausland entsendet, um auf einer fünfjährigen Studienreise den Stand der Uhrmacherei daselbst kennen zu lernen. Nach seiner Rückkehr 1856 brachte die Fabrik alsbald den jetzigen Hauptfabrikationsartikel des Schwarzwaldes — Federzugregulateure — in den Handel und prosperierte damit vollkommen. In den 60er und 70er Jahren florierte außerdem die Fabrikation der vergoldeten Pendulen, die jährlich zu Tausenden zum Versand kommen, wodurch manches Stück Geld im Lande blieb, welches früher nach dem Bezugsort „Paris" wandern mußte. Die Fabrik giebt etwa 600 Arbeitern zur Zeit Beschäftigung.

Eigentümlicherweise fällt die Gründung dieses Fabriketablissements zusammen mit der Einführung der Uhrmacherei in Freiburg in Schlesien durch Gustav Becker im Jahre 1849. Derselbe hatte in Wien die Herstellung der Pendeluhren, wie sie von Kleinmeistern betrieben wurde, kennen gelernt und ging in die Heimat zurück mit der Absicht, die Kinder der armen Weberfamilien für eine ergiebigere Erwerbsquelle vorzubereiten. Er nahm einige Knaben in die Lehre und war für das Gelingen seines Vorhabens so voll von Begeisterung, daß ihm die Regierung durch Vermittlung des damaligen Oberpräsidenten von Schleinitz Werkzeuge und Drehbänke anschaffte, um 80 Knaben in die Lehre nehmen zu können. Schon 1852 waren die ersten Regulateure fertig; durch die Gründung des Vereins zur Beförderung der Uhrenindustrie in Schlesien wurde dem thätigen Meister ein großes Kapital zur Verfügung gestellt, das Geschäft konnte flotter betrieben werden, so daß im Jahre 1863 der 10000ste Regulator die Fabrik verlassen konnte; dieselbe beschäftigt heute 700 Arbeiter.

Wir kehren nach dieser Abschweifung, welche zur Vervollständigung der Geschichte der Uhrmacherei nötig war, wieder zum Schwarzwald zurück und finden hier immer noch die meisten Meister mit Anfertigung der Uhren in hölzernen Gestellen beschäftigt, trotzdem dann und wann ein heimkehrender Händler eine amerikanische Uhr, welche schon große Verbreitung gefunden und das Schwarzwälder Fabrikat auf einigen Märkten verdrängt hatte, mitbrachte und zur Nachahmung derselben anspornte. Es unterschied sich diese im Staate Connecticut massenhaft erzeugte Uhr von der „Schwarzwälderin" dadurch, daß an Stelle der Holzgestelle leichte aus Messing hergestellte und auf maschinellem Wege durchbrochene Gerippe getreten waren; das Treiborgan wurde meistens durch eine Zugfeder dargestellt, die Uhr wurde in einen einfachen Kasten eingeschlossen, mit Wecker ausgerüstet — billig auf den Markt gebracht — und fand bei dem gemeinen Mann rasch Anklang. Kleine Versuche wurden bei uns gemacht, auch diese Uhren zu fabrizieren, doch sind die Anstrengungen von wenig Erfolg begleitet gewesen, weil der Kleinmeister glaubte, sein altes System bei Bearbeitung der einzelnen Teile beibehalten zu können. So hat sich das Kapital dieses Zweiges der Industrie bemächtigt und datiert die Fabrikation der amerikanischen Uhren bei uns aus dem Anfang der 60er Jahre. Sie ist zuerst in Schramberg eingeführt worden von Erhard Junghans aus Zell am Harmersbach (1823—1870). Von hier aus hat sie auch den Weg über St. Georgen nach dem badischen Schwarzwalde gefunden, so daß wir heute eine hochentwickelte Amerikaneruhrenindustrie haben, die in 10 größeren Etablissements blüht und täglich 6—8000 Stück Uhren zu liefern im stande ist. Teilung der Arbeit in ausgedehntestem Maß, verbunden mit zahlreichen, ingeniös erfundenen und konstruierten Maschinen, ermöglicht eine überaus billige Herstellung, und jetzt ist es der Schwarzwald, welcher nicht allein den deutschen Markt mit Amerikaneruhren versieht und einen großartigen Absatz nach England, Frankreich, Italien, Spanien, Rußland und der Türkei zu verzeichnen hat, sondern diese amerikanischen Uhren deutschen Ursprungs haben auch den Weg übers Meer nach den englischen Kolonieen gefunden und verdrängen sogar die Originaluhren vom Markte; auf diese Weise ist es auch erklärlich, daß von den 4 Millionen Stutzuhren, welche jährlich aus der gesamten Fabrikation hervorgehen und in den Weltverkehr gebracht werden, Deutschland mit den hier verzeichneten Industriegebieten rund über 2 Millionen Stück liefert.

2. Gegenwärtige Lage der Hausindustrie.

Die Mittel, welche der Staat in den 50er und 60er Jahren zur Hebung der Hausindustrie aufgeboten hat, haben derselben lange Zeit zum Segen gereicht. Die damals gegründete Uhrmacherschule erzielte eine Verbesserung der Uhrwerke, zweckmäßigere Werkzeuge und Maschinen fanden Eingang und die äußere Ausstattung der Uhr entsprach den gestellten Anforderungen. Nur die Einführung der Taschenuhrenfabrikation gelang der Schule trotz aller Anstrengung nicht. Den leitenden Männern fehlte es an Mut, gegen die auswärtige Konkurrenz den Kampf aufzunehmen. Es ist heute noch schwer zu bedauern, daß die für die Fabrikation der Taschenuhren in den 60er Jahren in Furtwangen gegründete Aktiengesellschaft eine nur so kurze Lebensdauer hatte.

Mit dem Jahre 1862, also nach 12jährigem Bestehen, wurde die Uhrmacherschule, deren Aufgabe man als gelöst ansah, aufgehoben. Ihre Wirkung war zwar nachhaltig, aber dem Kleinmeister fehlte fortan die Führung. Auf eigene Faust den Kampf mit der sich immer mehr entwickelnden Großindustrie aufzunehmen, dazu war er nicht geschaffen. Der segensreich wirkende allgemeine Gewerbeverein wurde im Jahre 1848 aufgelöst, und die inzwischen begründeten einzelnen Gewerbevereine, welche nur größere Ortschaften umfaßten, konnten die Interessen der in 92 verschiedenen Gemeinden und Zinken wohnenden Hausindustriellen nur zum Teil wahrnehmen. Ein Zusammenschluß der führenden Elemente fehlte ohnehin. Die in der Uhrmacherschule ausgebildeten Kräfte verließen größtenteils die Heimat, um sich im Ausland einen ihren Kenntnissen entsprechenderen Verdienst zu verschaffen, wie ihn das heimische Gewerbe bieten konnte. Der Truckunfug kannte keine Grenzen und die Industrie ganzer Gemeinden ist solchem Treiben zum Opfer gefallen. In den Gemeinden Waldau, St. Märgen, Glashütte, Glotterthal, Langenordnach rc. verschwand die Uhrmacherei ganz, und in andern Gemeinden trat durch Auswanderung und sonstige Umstände eine weitgehende Reduktion ein. Die Konkurrenz auf dem Gebiete der Herstellung der Schwarzwälderuhren, welche bislang das Monopol der Kleinmeister war, nahm zu, so zwar, daß im Jahre 1880 Schwenningen mit Umgebung 6 Uhrenfabriken mit 129 Gehülfen und 16 Lehrlingen, 84 selbständige Uhrmacher mit 15 Gesellen und 30 Lehrlingen, sodann 21 Schildmaler mit 28 Arbeitern, 13 Gestellmacher mit 8 Arbeitern, 1 Kettenmacher, 1 Tonfedermacher, 3 Schilddreher, 7 Kastenschreiner und Rahmenmacher mit 21 Arbeitern, 3 Mechaniker mit 6 Arbeitern, 25 Uhrenhändler, also zusammen 164 Betriebe mit 417 Hülfskräften zählte. Nach einer Aufnahme aus dem Jahre 1873 waren auf dem badischen Schwarzwald 1429 Uhrmacher und Fabrikinhaber mit 7526 Gehülfen beschäftigt; Furtwangen allein, als Hauptort der Uhrenindustrie, zählte im Jahre 1879 neben seinen Fabrikationsgeschäften und Hülfsgewerbetreibenden noch 77 selbständige Meister der Uhrmacherei mit 27 Gehülfen [1]. Ein Umstand kam der in den 60er und 70er Jahren schon krankenden Hausindustrie zu Hülfe; es war dies die Gründung von Bestandteilfabriken. Da nur wenige Uhrmacher Wasserkräfte zur Verfügung hatten, mußte das zeitraubende Zahnen, Bohren rc. von der Hand geschehen, bis sich die hervorragendsten Gießer entschlossen, dieses Geschäft ihren Betrieben anzufügen, um so dem Uhrmacher nicht nur die gegossenen, sondern auch die roh vorgearbeiteten Waren um einen annehmbaren Preis liefern zu können. Heute noch bestehen diese Bestandteilfabriken in Villingen, Triberg, St. Georgen, Schonach, Furtwangen rc. und liefert deren eine

[1] Zeitgeschichte von Furtwangen und Umgebung von Romulus Kreuzer. Villingen 1880.

von Gebrüder Siedle in Triberg die Bestandteile für etwa 600 000 Stück der verschiedensten Uhrensorten pro Jahr.

Nichtsdestoweniger trat in der Hausindustrie in den letzten Jahren eine erhebliche Verschiebung ein; nur wenige Uhrmacher konnten der alten Überlieferung treu bleiben und ganze Uhren fertigen, die meisten gruppierten sich um die größeren Etablissements, um für dieselben Bestandteile nach dem Stücklohn unter Zuhülfenahme der Familienglieder zu fertigen. Nach dem heutigen Stande können wir die Hausindustriellen des Schwarzwaldes einteilen in:

a. Uhrmacher,
b. Hülfsgewerbler und
c. Bestandteilmacher.

Die unter a. Genannten haben die alte Betriebsform beibehalten, wie sie sich schon zu Anfang dieses Jahrhunderts ausgebildet hatte. Der Meister fertigt mit seinen Familiengliedern ganze Uhren, jedoch bleibt er gewöhnlich bei einer Sorte, um in deren Herstellung eine gewisse Übung zu erlangen. So kommt es, daß in einigen Familien Schottenuhren, in anderen Achttaguhren, Kuckucksuhren, Holzzugfederuhren ꝛc. gefertigt werden. Die Abnehmer für diese Erzeugnisse sind entweder die Uhrmacher mit Ladengeschäften in Städten oder auch die Grossisten, welche große Lager in allen Uhrensorten an allen größeren Handelsplätzen unterhalten. Der Handel breitet sich dergestalt heute noch über ganz Europa aus. Solche Meister unterhalten langjährige Geschäftsverbindungen mit auswärtigen Kunden und arbeiten nur ungern, und dann unter gewissen Vorbehalten, für die heimischen Packer.

Andere Meister, welche derselben Betriebsform treu geblieben sind fühlen sich in der Geschäftsverbindung mit dem zunächst wohnenden Packer behaglich, das Geschäft wickelt sich einfach ab, Verluste werden seltener, und es wird noch ein Erwerb erzielt, der für die Unterhaltung der Familie ausreicht, insbesondere dann, wenn der Uhrmacher im Besitze eines eigenen Hauses mit etwas Feld ist und sich seine Hauptlebensmittel, Kartoffeln, Milch und Speck, leicht beschaffen kann. Ein Tagesverdienst von 2 Mark 50 Pfg. bis 3 Mark reicht hier aus, um für sich und die Seinen den auf dem Schwarzwald teueren Lebensunterhalt bestreiten zu können. Solche Betriebe existieren zur Zeit etwa 336 mit 708 Arbeitskräften.

Hier ist wohl der Platz, auf eine Kategorie hausindustrieller Uhrmacher hinzuweisen, welche in neuerer Zeit die Fabrikindustrie ausgebildet hat, es sind dies die Zusammensetzer. Der Meister erhält aus der Fabrik alle fertigen Bestandteile für einige Dutzend Uhrwerke, die teils in der Fabrik, teils durch Bestandteilmacher gefertigt worden sind, mit nach Hause und vereinigt sie dort zur fertigen Uhr. Diese Arbeit setzt eine gute Qualifikation voraus, bringt lohnenden Verdienst und ruft Freudigkeit zur Arbeit hervor; die fertigen Uhren werden in bestimmten Zeitabschnitten der Fabrik zurückgeliefert. Es konnten 23 solche Betriebe mit 48 Arbeitern ermittelt werden.

Unter die Reihe der unter b. genannten Hülfsgewerbler der Uhrenindustrie zählen wir solche, die für die Kleinmeister, und solche, die für die Fabrikanten thätig sind; sie dürfen unter folgenden Gewerben zusammengefaßt werden:

1. Gestellmacher,
2. Gießer,
3. Tonfedernmacher,
4. Zeigermacher,
5. Schilddreher,
6. Schildmaler,
7. Emailleure und Lithographen,
8. Galvaniseure,
9. Metalldrücker,
10. Kastenschreiner,
11. Holzschnitzer,
12. Drechsler,
13. Werkzeugmacher.

Die unter 1—3 Genannten beteiligen sich an der Herstellung der Uhrwerke, die unter 4—12 Aufgeführten arbeiten an der äußeren Ausstattung derselben, und der unter 13 aufgeführte Werkzeugmacher stellt sich in den Dienst der Uhrmacher wie der Hülfsgewerbe.

In der Gestellmacherei sind zur Zeit noch 44 Betriebe mit 81 Arbeitern anzutreffen. Der Verdienst hierin ist gering, da die Maschinenarbeit auch hier die Preise herabgedrückt hat. Für mittelgroße, sogenannte Schottengestelle mit polierter Unterplatte werden dem Häusler noch 17 Pfg. pro Stück bezahlt. Ein fleißiger Arbeiter ist bei durchschnittlich zwölfstündiger Arbeitszeit im stande, 100 Stück solcher Gestelle pro Woche zu fertigen; da für Anschaffung des hierzu nötigen Holzes 6 Mark und für Politur, Schleifmaterial und Werkzeugabnützung 1 Mark gerechnet werden muß, bleibt dem Arbeiter noch ein Wochenverdienst von 10 Mark. Nur wenn Frau und Kinder mithelfen im Zurichten des Holzes, ist es dem Häusler noch möglich, sich eine magere Existenz zu erhalten.

Kleinindustrielle Gießer konnten noch 6 mit 19 Arbeitern ermittelt werden. Bei äußerst ungesunder Arbeit ist der Verdienst gering und kaum zum Geschäftsbetrieb lohnend, da der Kampf mit den Bestandteilfabriken, welche selbst auf der Grundlage gut eingerichteter Gießereien basieren, schwer aufzunehmen ist.

Die Tonfedern für Schwarzwälderuhren — wie für Regulateure werden in 9 Werkstätten mit 20 Arbeitern hergestellt. Da für den Preis der Tonfedern der Materialwert maßgebend und der Arbeitslohn pro Stück nur gering ist, so kann der Kleinmeister mit seiner einfachen Geschäftsverwaltung in dieser Branche immer noch mit dem Fabrikanten in Wettbewerb treten.

Die Zeigermacherei ist in den letzten Jahren sehr zurückgegangen, sie steht als Kleinindustrie auf dem Aussterbeetat, da der Meister sich nicht die teueren Pressen und Stanzen beschaffen kann, welche zur zeitgemäßen Ausübung dieses Gewerbes unbedingt erforderlich sind. Die Zeiger werden in großen Quantitäten in den Fourniturenfabriken oder auch in den Uhrenfabriken selbst hergestellt, in feinerer Ware auch von auswärts bezogen, und nur, wenn das Zeigermachen zu Hause von Frau und Kindern als Nebengeschäft betrieben wird, läßt sich noch ein Erwerb erzielen, der zur Befriedigung geringer Bedürfnisse ausreicht oder, dem Verdienst der männlichen Familienmitglieder zugezählt, eine willkommene Unterstützung ausmacht. Solchergestalt bestehen noch 2 Betriebe mit 4—6 Arbeitskräften, die aber nicht ständig mit der Zeigeranfertigung Befassung haben.

Der Schilddreher hat die Aufgabe, die bekannten Holzschilde aus den Tannenbrettern auszusägen und zum Teil anzudrehen, so daß für den Ziffernkreis eine Wölbung entsteht. Es sind noch 4 solche Betriebe mit ca. 12 Arbeitern vorhanden, die zumeist mit kleinen Wasserkräften arbeiten und dadurch eine Leistungsfähigkeit erzielen, die einen geringen Tagesverdienst von 2 Mark bis 2 Mark 50 Pfg. pro Arbeiter erhoffen läßt.

Die Schildmalerei ist noch ziemlich ausgedehnt; sie zerfällt je nach dem Material, auf welches das Zifferblatt aufgemalt wird, in die Holz-, Blech- und Glasschildmalerei. Die erstere ist die ursprüngliche, die Blechschildmalerei wurde im Jahre 1850 und die letztere im Jahre 1854 auf dem Schwarzwalde eingeführt. Die Schildmalerei nimmt in 48 Werkstätten 97 Arbeiter auf, welche zum Teil dem weiblichen Geschlechte angehören. Die Beschäftigung ist eine angenehme, die Nachfrage eine große, da der Absatz auf Fabriken, Grossisten wie auf die Kleinmeister und Packer sich erstreckt. Die Blech- und Glasschilder bringen noch lohnenderen Verdienst wie die Holzschilder.

Das Fach der Emailleure und Lithographen wurde durch die Großindustrie zumeist angezogen, da die Regulateure und sonstigen Kastenuhren mit Emailzifferblättern, die Amerikaneruhren mit bedruckten Blech- und Papierzifferblättern ausgestattet werden mußten. Es ist schwer, die hierher gehörigen Meister für sich auszuscheiden, da die Lithographen in vielen Fällen mit den Schildmalern zusammenarbeiten. An vollständig getrennten Betrieben konnten 4 mit 12 Arbeitern ermittelt werden. Das Geschäft des Emailleurs wird nur noch in einem Kleinbetriebe ausgeübt; da hierin eine große Leistungsfähigkeit verlangt wird, hat sich die Großindustrie mit 3 Geschäften und über 100 Arbeitern dieser Branche bemächtigt.

Die Betriebe der Galvaniseure und Metallätzer sind das Produkt neuester Zeit, in der man angefangen hat, für feine Uhren Metallzifferblätter in Anwendung zu bringen. 3 Meister mit 7 Arbeitern erwerben sich in diesem Fache lohnenden Verdienst, und es steht zu erwarten, daß weitere Betriebe nachfolgen, da das Absatzgebiet in solchen Waren zunimmt, die Ätzerei auch für andere Metalldekorationen beliebt ist und durch Frauenhand ohne Anstrengung ausgeübt werden kann. Die Fabriken feinerer Artikel haben vielfach eigene Galvaniseure. Seit der Einführung gedruckter Messingreife zur Umrahmung insbesondere der Emailzifferblätter sind einige Metalldrückereien auf dem Schwarzwalde entstanden; ihr Arbeitsfeld wurde jedoch in letzter Zeit dadurch eingeschränkt, daß die Amerikaneruhrenfabrikanten zur Herstellung der Metallgehäuse für sogenannte Nickelwecker ebenfalls der Metalldrücker bedurften und dieselben nun auch den Bedarf an Zifferblattreifen und Pendellinsen rc. liefern. Die 2 noch bestehenden Kleinbetriebe werden sich daher bald nach einem andern Artikel umsehen müssen.

Die Uhrenkastenschreinerei nimmt unter den Hülfsgewerben die erste Stelle ein. Sie giebt noch einer großen Anzahl von selbständigen Meistern genügenden Verdienst, wenn derselbe auch allmählich dadurch geschmälert wird, daß die Uhrenfabriken eigene Schreinereien für diesen Bedarfsartikel eingerichtet haben und zur Zeit noch einrichten. Die 110 kleinmeisterlichen Etablissements mit etwa 300 Arbeitskräften nehmen mit den wenigen Großbetrieben dieses Faches den Konkurrenzkampf mit Erfolg auf, so daß letztere sich in wiederholten Fällen genötigt sahen, zum Verkauf kompletter Uhren zu schreiten, um so für ihre Kasten noch einen rentablen Verdienst zu erhaschen. Der weitaus größte Bedarf an Kasten besteht in einfachen Federzug-Regulateurgehäusen. Dieser Artikel ist aber nachgerade so billig geworden, daß ebensowenig der Uhrenfabrikant wie der Händler in der Lage ist, auch nur einigermaßen einen Preis dafür anzulegen. Diese Kasten werden nicht allein auf dem badischen und württembergischen Schwarzwalde, sondern auch in Schlesien meist von kleinen Schreinern gemacht, welche einfach das Material und den Arbeitslohn berechnen, ohne an Unkosten ꝛc. zu denken. Die Folge davon ist, daß diese Leute nicht vorwärts kommen und aus einer Verlegenheit in die andere geraten. Wenn dieselben 4 Mark 20 Pfg. bis 4 Mark 50 Pfg. für einen polierten Kasten berechnen, so haben größere Betriebe den Nachteil, daß sie auf diese Summe noch mindestens 15 bis 20 Prozent Unkosten zu kalkulieren haben und außerdem noch einen geringen Prozentsatz für Reingewinn. Der Nutzen des Großindustriellen gegenüber dem Kleinmeister kann also nur darin gesucht werden, daß jener mit Hülfe seiner maschinellen Einrichtung die Roharbeiten vorteilhafter hat. Der Ruin für die Kastenschreinerei ist der Zwischenhandel und die Sucht, etwas Billiges und Überraschendes auf den Markt zu bringen. Der Grossist als Zwischenhändler kauft vielfach Werke und Kasten getrennt zu möglichst billigem Preis und bringt beide Teile in eigenen Werkstätten selbst miteinander in Verbindung; er schlägt auf Kasten und Werk seinen zulässigen Nutzen, welcher für ihn größer wie für den Kastenschreiner und den Uhrmacher ausfällt. Das Publikum kauft bei solchem Geschäftsgebahren nicht billiger, und es sollten deshalb alle Anstrengungen gemacht werden, nur komplette Uhren, d. h. Werke in Kasten, vom Schwarzwalde an die Abnehmer zu versenden. Für sich bestehende Uhrenkastenschreinereien können nur noch etwas verdienen, wenn sie Neuheiten in ziemlicher Menge anfertigen können, und wäre nach Lage des Geschäftes eine Besserung nur dadurch zu erzielen, indem man für die gangbarsten Sorten von Uhrgehäusen Minimalpreise festsetzen würde, unter welchen nicht verkauft werden darf. Das jetzt so unrentable Kastengeschäft könnte durch die angedeuteten Mittel gehoben werden.

Einige tüchtige Meister, welche nur stilgerechte Ware fabrizieren, streben vorwärts, doch ist der Absatz in solchen Artikeln noch gering und wird sich auch kaum erweitern, da Uhrenkastenschreinereien für feinere Arbeit auch schon außerhalb des Bereiches des Schwarzwaldes entstanden sind, gegen deren Entwicklung nur schwer anzukommen ist.

Die Holzschnitzerei konnte sich als selbständiges Gewerbe auf dem Schwarzwalde noch nicht entwickeln, sie steht im Dienste der Uhrenindustrie und wird hier der Kastenschreinerei meist beigeordnet, da die durch sie geschnitzten Schilder und Verzierungen an den Uhrgehäusen angebracht werden. Nur 45 Meister mit 65 Gehülfen konnten für sich abgetrennt werden, die entweder selbst Kasten machen, also noch Schreiner mit beschäftigen, oder die Schnitzereien an Kastenschreiner liefern. Einen Teil der Holzschnitzer absorbiert auch die Musikwerkmacherei. Der Verdienst eines Arbeiters in der Hausindustrie erhebt sich nicht über 3 Mark pro Tag, wogegen die Schnitzer in Uhrenfabriken allerdings auf einen Stücklohn von 4 Mark und darüber kommen können.

In der Drechslerei stehen 17 Betriebe mit 53 Arbeitern einem größeren Betrieb mit 30 Gehülfen gegenüber, und besteht die Aufgabe dieses Hülfsgewerbes darin, die für die Ausstattung der Uhrenkasten nötigen Säulen, Knöpfe, Urnen ꝛc. zu liefern. Der Absatz in diesem Artikel ist flott, insbesondere wenn der Meister mit neuen Einrichtungen vertraut ist und sich auf die Anfertigung von Massenartikeln verlegt. Es wird der Arbeiter meistens nach dem Stück bezahlt, er kommt auf einen Tagesverdienst, der oft bis an 3 Mark hinanreicht.

Die Werkzeugmacherei umfaßt 12 Meister mit 45 Arbeitern; sie liefert den Fabrikanten, Uhrmachern und Hülfsgewerblern die nötigen Werkzeuge und kleineren Maschinen und ist immer vollauf beschäftigt, wenn auch die Fabriken insbesondere eigene Mechaniker einstellen, um sich die Reparaturen und Specialwerkzeuge selbst verfertigen zu können. Den Bedarf an größeren Maschinen und vollständigen Fabrikeinrichtungen besorgen Maschinenfabriken, die etwa 100 Arbeiter für den Schwarzwald und auch für das Ausland beschäftigen. Außerdem werden Maschinen, insbesondere für Holzbearbeitung, aus auswärtigen Maschinenfabriken bezogen.

Es erübrigt nun noch die Betriebsweise der unter c. genannten Bestandteilmacher zu illustrieren. Sie sind aus der Reihe der Uhrmacher hervorgegangen und haben sich in ein Abhängigkeitsverhältnis zum Fabrikanten gesetzt. Der Bestandteilmacher erhält das Rohmaterial oder auch maschinell vorgearbeitete Uhrenbestandteile partieenweise mit nach Hause, wo die Bearbeitung soweit gedeiht, daß der Zusammensetzer sie ohne Nacharbeit der Uhr einfügen kann. Auf diese Weise sind die Räderdreher, Hammerwellmacher, Pendelverfertiger, Ankermacher u. s. w. entstanden, und wir sehen, daß diese Betriebsform eine große Ähnlichkeit mit der unter b. kennen gelernten hat. Der Örtler, der den Wunsch hat, selbständig zu bleiben, konnte sich mit Überhandnehmen der Fabrikindustrie am leichtesten in die ihm durch die Natur der Verhältnisse angebotene Lage schicken. Das umlaufende geringfügige Kapital, mit welchem diese hausindustriellen Stückarbeiter umgehen, ist zum größten Teil sodann Eigentum des Unternehmers, es ist von den kleinen Leuten jedes Risiko ferngehalten, und die pünktliche Auslohnung, welche ihnen der Fabrikant bei abgelieferter Arbeit angedeihen läßt, überhebt sie mancher Sorge, welcher sie als von Packern abhängige Meister ausgesetzt waren. An solchen Bestandteilarbeiten beteiligen sich auch die Familienmitglieder bis herab zum 10jährigen Knaben, und kann sich eine fleißige Familie mit 2—3 Kindern je nach der Feinheit der ihr zur Verarbeitung anvertrauten Artikel auf 3 bis 4 Mark pro Tag hinaufarbeiten.

Wo es nicht möglich ist, die Hausindustrie auf anderer Basis wieder zum Aufleben zu bringen, ist die letztere Form ein Auskunftsmittel, welches immer noch dem Zusammendrängen eines großen Arbeitermaterials in Fabriken vorzuziehen ist. Diesen Vorzug empfindet nicht nur der hausindustrielle Stückarbeiter, der in einem gesunden, nicht überfüllten Arbeitsraum inmitten und unter Mitwirkung seiner Familie seinen Lebensunterhalt verdienen kann, sondern auch der Fabrikant, welcher zunächst in seine Fabrik ein kleines Anlagekapital steckt und auch in flauer Zeit ohne erheblichen Nachteil die Aufträge solchen Arbeitern gegenüber etwas einschränken kann. Dieselben sind bei dem stets mit dem angestammten Gütchen verbundenen Ökonomiebetrieb nicht ausschließlich auf den Broterwerb durch industrielle Thätigkeit angewiesen.

Dieser Zusammenhang von Groß- und Kleinindustrie ist sogar für solche Individuen der letzteren Kategorie von großem Werte, welche eine vollständige Ausbildung in der Uhrmacherei nicht genossen haben und deren kaufmännische Kenntnisse nicht soweit reichen, um direkt und mit Vorteil mit dem Konsumenten verkehren zu können. Die Anzeichen sind vorhanden, daß diese Art des Kleinbetriebs beibehalten und sogar noch ausgedehnt werden soll, und wäre nur zu wünschen, daß die Angehörigen des badischen und württembergischen Schwarzwaldes sich nicht gegenseitig den Preis drücken, wie das dann und wann vorzukommen pflegt. Durch die etwas größere Genügsamkeit und die ergiebigeren Bodenverhältnisse des württembergischen Schwarzwaldes hat ohnehin eine Verschiebung der Industrie nach Osten stattgefunden, welche aus nachstehender Betrachtung erkannt werden dürfte. Nach einer neuerdings gefertigten Zusammenstellung sind in 60 Gemeinden des Schwarzwaldes 1034 Kleinmeister mit ca. 2000 Arbeitsgehülfen vorhanden, denen 63 Großbetriebe mit nahezu 6000 Arbeitern gegenüberstehen; von diesen kommen über 3000 Arbeiter auf den württembergischen Schwarzwald, und ist nach den früher gegebenen Daten leicht zu erkennen, nach welcher Richtung das Industriegebiet sich gekürzt und nach welcher es sich verlängert hat.

Württemberg stellt für die Hausindustrie zur Zeit noch ein kleines Kontingent, da in den Orten Schramberg und Schwenningen hauptsächlich die Fabrikindustrie erblüht; wenn wir daher den jetzigen Stand der Kleinmeister von dem S. 88 angegebenen abziehen, so bleibt eine Verminderung der Hausindustrie im letzten Decennium von rund 400 Betrieben, welche zumeist in Fabriketablissements aufgegangen sind.

3. Erhaltung und Hebung der Hausindustrie.

Nach den bisherigen Ausführungen ist ersichtlich, daß die Existenz einzelner Zweige der Hausindustrie bedenklich bedroht ist, und lassen sich auf den ersten Blick keine günstigen Aussichten für die Zukunft eröffnen. Es kann wohl keine schönere Aufgabe geben, als der Lösung des Problems näher zu treten, ob und wie die Hausindustrie gehoben werden kann; denn daß der zunehmende Fabrikbetrieb in der Uhrmacherei dieselben Nachteile zeitigt, wie der Fabrikbetrieb anderer Branchen, liegt auf der Hand. Welche Nachteile aber der Fabrikbetrieb überhaupt bringt, ist schon zu vielfach an anderer Stelle erörtert worden, als daß es nötig wäre, auch hier noch darauf einzugehen. Die weitere Ausdehnung desselben abzuwenden dadurch, daß die hausindustriellen Existenzen erhalten und womöglich ausgedehnt werden, sollte keine Mühe und kein Opfer gescheut werden, sowohl von seiten des Staates als der Selbstverwaltungsorgane und der Beteiligten. Nicht die Selbsthülfe allein, auch nicht die gesonderte Staatshülfe kann hier zum erhofften Ziele führen, alle Elemente müssen zusammenwirken, um ein greifbares Resultat zu erreichen.

Schon frühzeitig wurden in der Uhrmacherei wie im Uhrenhandel Mißstände zum Nachteil der Kleinmeister bekannt und man sann auf geeignete Mittel, wie diesen Einhalt zu gebieten sei. Die Altmeister der Uhrmacherei, Matthias Fehrenbach im Grund, Matthias Siedle, Altvogt in Neukirch, in Verbindung mit den im Fürstenbergischen wohnenden Meistern hatten schon ums Jahr 1780 einen Plan zu einer Geschäftsordnung für Uhrmacher und Händler entworfen, wonach für beide Teile bestimmte Vorschriften festgesetzt wurden, denen sie sich bei Strafe des Ausschlusses aus der Familie ihrer Manufaktur unterziehen sollten. Dieser Plan scheiterte an dem vielseitigen Widerstand der Meister.

Im Jahre 1806 wurde zur Bekämpfung des Niedergangs der Industrie ein neuer Versuch gemacht, eine Art Geschäftsordnung zu entwerfen, und wurde dieselbe auch mit 35 Unterschriften dem herrschaftlichen Amte zur Genehmigung unterbreitet. Sie erhielt aber von oben herab so beschwerende Bestimmungen beigefügt, daß die Einführung unterbleiben mußte. Noch mehrere Versuche in ähnlichem Sinne wurden angeregt, allein alle ließen mehr oder weniger das manchen Schwarzwäldern so verhaßte Gespenst des Zunftzwanges in der Ferne erscheinen, worauf man nicht eingehen konnte. Die in der geschichtlichen Einleitung und später berührten Mißstände dauerten fort, da eine Einigung unter den Schwarzwäldern, die das

Gemeinwohl zum Zwecke haben sollte, nach keiner Richtung erzielt werden konnte.

Die Regierung wollte etwas für den Schwarzwald thun, indem sie im Jahre 1830 die Gründung von Gewerbeschulen ins Auge faßte. Die Uhrmacher hatten hierfür kein Verständnis, sie sträubten sich sogar, den Lehrbuben eventuell die Zeit für den Schulbesuch zu gewähren, und die Sache unterblieb. Erst später, als die Klagen über den Zerfall der Industrie immer lauter wurden, leitete man die Gründung der Uhrmacherschule ein, doch konnte auch diese die hartköpfigen und eigensinnigen Uhrmacher nicht dazu bringen, Normaluhren zu bauen. Jeder wollte seine eigenen Modelle haben, und die Normalien für die verschiedenen Uhrensorten und Bestandteile, welche mit bedeutenden Opfern an Zeit und Geld im Auftrage der Regierung ausgearbeitet worden sind, blieben unbeachtet, so vorteilhaft deren Einführung auch gewesen wäre. Durch Einführung der Normaluhren wäre es möglich geworden, die Rohteile besser und einfacher durch Massenfabrikation und größere Arbeitsteilung herzustellen und dieselben dem Uhrmacher billiger zur Verfügung zu stellen, seine Leistungsfähigkeit wäre dadurch erhöht worden und die fremde Konkurrenz wäre der Schwarzwälderuhr nicht so erfolgreich auf den verschiedenen Märkten entgegengetreten. Auch später und bis in die neueste Zeit, namentlich seit Neugründung der Uhrmacherschule im Jahre 1877, war man stets in Verbindung mit dem Gauverband der Schwarzwälder Gewerbevereine bemüht, die Aufmerksamkeit der Hausindustriellen auf die Anfertigung von Uhren nach Normalmustern zu lenken[1]. Eine so projektierte Teilung der Arbeit würde unstreitig auf die Erhaltung der Hausindustrie hinwirken und eine Vervollkommnung der Uhren herbeiführen. Eine derartige Teilung ist aber nur denkbar, ist nur allein möglich durchzuführen, wenn die herzustellenden Bestandteile genau nach Maß und einerlei Größenverhältnissen zu Uhren gleicher Sorte angefertigt werden können. Hierzu müssen Musteruhren die Grundlage bilden, um jene Teilung herbeizuführen, bei welcher Arbeiten, die zu ihrer Ausführung Kraft erfordern, getrennt werden von denen, welche persönliche Geschicklichkeit verlangen. Diese Sonderung der Arbeiten ist für den Schwarzwald von der größten Bedeutung. Unter den jetzt obwaltenden Verhältnissen, unter denen bei gleichartigen Uhren ein wahres Chaos von nicht begründeten verschiedenen Größenverhältnissen existiert, ist dies nur bis

[1] Siehe die im Auftrag Großherzogl. Ministeriums des Innern ausgearbeitete Schrift: „Einführung von Musteruhren in die Schwarzwälder Uhrmacherei". Furtwangen 1879.

zu einem bestimmten Grade thunlich. Noch vor kurzem haben die staatlichen Organe Anstrengungen gemacht, die Uhrmacher einer einzelnen Gemeinde nach den Bestimmungen[1] des Genossenschaftsgesetzes versuchsweise zusammenzuschließen und sie zur Anfertigung von Uhren nach Normalien zu veranlassen, aber umsonst, die Gründung scheiterte an einer zu geringen Beteiligung und auch an der bislang bestehenden Bestimmung des Gesetzes gegenseitiger solidarischer Haftbarkeit.

Daß eine Erhaltung und Kräftigung der Hausindustrie auf diese Weise möglich ist, möge an einem Beispiele klargelegt werden. Eine der Gemeinden, in welchen die Hausindustrie noch vorherrschend ist, hat neben einer großen Bestandteilfabrik 105 Kleinmeister. Der Mehrzahl nach sind es Uhrmacher, darunter sind aber auch die verschiedenen Hülfsgewerbe zu finden. Würden sich diese Elemente zu einer Genossenschaft vereinigen, um nach Normaluhren verschiedener Art ihre Erzeugnisse herzustellen, so könnten sie sich — sofern der Bestandteilfabrikant nicht selbst der Genossenschaft sich anschließt — den Bezug der Bestandteile, welche zur Herstellung Maschinenkraft erfordern, vertragsmäßig sichern. Um sodann eine einheitliche Organisation zu erzielen, hätten die Genossenschafter ein Bureau mit einem kaufmännischen und einem fachmännischen Leiter zu gründen, welche letztere mit annehmbarem Kapital an der Genossenschaft selbst beteiligt sind. Von diesem Bureau werden die Bestellscheine gemäß den eingehenden Aufträgen an die einzelnen Uhrmacher gegeben; sie erhalten damit zugleich die Bezugsanweisungen für Bestandteile, Gestelle, Kasten 2c. und beziehen das sonst noch nötige Material zum Selbstkostenpreis aus dem mit dem Bureau verbundenen Rohstoffmagazin. Mit Ablieferung der fertigen Uhren, welche vom technischen Leiter oder Visiteur auf ihre Güte und Solidität geprüft sind, wird dem Meister der Wert seiner Lieferung gut geschrieben und nach Abzug der vorgemerkten und empfangenen Materialien kann derselbe bei der Kasse seinen Verdienst erheben. Auf dem Bureau geschieht die ganze Verrechnung der Bezüge und Ablieferungen des einzelnen, dort wird die Korrespondenz mit den Kunden besorgt und von dort aus wird eventuell der von der Genossenschaft angestellte Reisende dirigiert.

Warum sollte eine so organisierte Genossenschaft nicht prosperieren? Der Uhrmacher und Hülfsgewerbler kann sich bei derselben voll seinem Berufe widmen, er ist aller Schreiberei und auch allen Risikos überhoben, er

[1] Siehe des Verfassers Schrift: „Vorschlag zur Hebung der Hausindustrie des Schwarzwaldes". Auf Anordnung Großherzogl. Ministeriums des Innern herausgegeben von der Großherzogl. Badischen Uhrmacherschule. Villingen 1888.

nimmt Anteil am Gewinn der ganzen Genossenschaft. Thatsächlich haben einige Packer des Schwarzwaldes ähnliche Organisationen eingerichtet, sie behalten aber als Unternehmer den Gewinn für sich und der fleißige Hausindustrielle hat kaum das Notwendigste. Parallele Einrichtungen finden wir auch in den Fabriken, welche Bestandteile machen und ihre Uhren von Kleinmeistern nach Stücklohn zusammensetzen lassen. Die Frage, ob es zweckmäßiger ist, durch solch eine Organisation die Hausindustrie eines Ortes zu festigen und zu heben oder im entgegengesetzten Falle diese Arbeiter mit der Zeit in eine Fabrik zusammenzudrängen, kann sehr einfach beantwortet werden. Die Zustände in den meisten Gemeinden, in welchen die Hausindustrie noch gepflegt wird, könnten hierdurch gebessert werden und für die Leitung der Genossenschaften ließen sich ohne Zweifel Fachmänner mit mäßigen Kapitalien gewinnen. An den Kleinmeistern liegt es nun, sich zusammenzuthun, um für sich und die Nachkommen die Existenz zu sichern.

Solche Organisationen passen nicht für alle Gemeinden; da, wo Groß- und Kleinindustrie zusammenarbeiten, sollte dieses System gepflegt und womöglich ausgebreitet werden. Die Aktiengesellschaft für Uhrenfabrikation in Lenzkirch beschäftigt am Orte selbst über 100 hausindustrielle Lohnarbeiter und hat keinen Grund zur Klage. Am Kleinmeister liegt es in diesem Falle, durch präcise Arbeit und pünktliche Ablieferung sich das Vertrauen seines Brotgebers zu erhalten.

Nun giebt es aber noch eine Menge Kleinmeister, von welchen keiner der angedeuteten Wege beschritten werden kann, sei es weil sie zu abgeschlossen für sich wohnen, sei es weil sie bei genügender Ausbildung für besser lohnende Arbeiten zu gebrauchen sind. Hier darf an die Einführung neuer Industriezweige gedacht werden. Es giebt ja so viele Gegenstände der mechanischen Technik, die zur Anfertigung Intelligenz und große Handfertigkeit beanspruchen; diese Fähigkeit, Neues in sich aufzunehmen und zu verarbeiten, besitzt der Schwarzwälder ohnehin in ausreichendem Maße und ist ihm somit ein großes Arbeitsgebiet eröffnet. Anfänge sind in dieser Richtung schon gemacht worden und haben zu günstigen Resultaten geführt. Die Haustelegraphenfabrikation wird schon in umfangreichem Maße betrieben, Telephone, Mikrophone, Schreibapparate rc. schließen sich an. In neuerer Zeit ist auch ein hausindustrieller Betrieb für Anfertigung von Rechenmaschinen entstanden.

Bei der Einführung neuer Industriezweige in Gegenden von ungünstiger Verkehrslage muß darauf gesehen werden, daß der Rohmaterialtransport wie die Materialbeschaffung überhaupt im Verhältnis zum Arbeitsaufwand einen geringen Betrag ausmacht. Nur Zweige, welche schwierig zu erlernen sind, welche ein gewisses Talent voraussetzen, haben noch Aussicht auf eine gesicherte Zukunft. Hausindustrieen, welche leicht zu erlernen sind, welche eine Fertigkeit in wenigen Tagen oder Wochen schon erreichen lassen, dürfen für den Schwarzwald nicht gewählt werden, da er derselben durch andere Gegenden, in welchen die Nahrungsmittel leichter dem Boden entlockt werden können, leicht wieder beraubt wird.

Beispiele dieser Art lassen sich anführen. Als die Einführung der schwedischen Schnitzerei für den Schwarzwald auf der Tagesordnung stand, war das Interesse hiefür groß, und weibliche wie männliche Arbeitskräfte strebten die Erlernung, welche in vier Wochen geschehen konnte, an. Darunter waren solche, welche heute noch diese angenehme Beschäftigung an Stelle sonstiger Handarbeiten treten lassen und für sich und Bekannte Gebrauchs- und Luxusgegenstände schnitzen, ein selbständiger Betrieb konnte sich aber nicht entwickeln und wird sich wohl auch nicht halten lassen, da die Preise für so auf dem Walde hergestellte Schnitzereien zu hoch stehen und der Artikel dadurch weniger nachgefragt wird, weil er anderwärts billiger herzustellen ist.

Die Orchestrionfabrikation, welche auf dem Schwarzwalde schon an hundert Jahre heimisch ist und zum Teil, insbesondere für den montierenden Meister, eine weitgehende Geschicklichkeit und Ausbildung verlangt, zählte in den 70er Jahren 32 Meister mit 244 Gehülfen; sie erstreckt sich heute über 52 Betriebe mit 260 Arbeitern und Arbeiterinnen, hat also eher zugenommen, da dieser Artikel schwer wo anders hin verpflanzt werden kann.

Die Mittel, welche der badische Staat gewährt zur Hebung und Unterstützung der Schwarzwaldindustrie und insbesondere der Hausindustrie, sind vielseitige. Er steht zunächst den 10 Gewerbevereinen, welche den Schwarzwälder Gauverband ausmachen, beratend und zum Teil finanziell unterstützend zur Seite; er läßt für bestimmte Techniken Specialkurse einrichten und sendet Gelehrte zur Abhaltung von Vorträgen über Fragen, die mit der Industrie oder der Gesetzgebung in Beziehung stehen, in die einzelnen Vereine, in denen dies gewünscht wird. Für den Besuch von Ausstellungen werden gut empfohlenen Meistern und Gehülfen Reisezuschüsse gewährt, wie die Regierung für den Besuch außerbadischer Fachschulen, an welchen Lehrgegenstände vorgetragen werden, deren Kenntnis für die Pflege der Industrie von Nutzen sein könnte, namhafte Stipendien auswirft.

Hauptsächlich aber soll die Förderung der Industrie dadurch erfolgen, daß Anstalten gegründet worden sind, welche speciell nur der Schwarzwaldindustrie zu dienen haben.

Hier ist in erster Reihe die Uhrmacherschule zu nennen, welche als Staatsanstalt dem Ministerium des Innern direkt untersteht. Sie hat die Aufgabe, durch theoretischen und praktischen Unterricht in den verschiedenen Zweigen der Uhrmacherei und den verwandten Fächern der Elektrotechnik und Specialmaschinenkunde mit besonderer Berücksichtigung der Schwarzwälder Industrie tüchtige Arbeitsgehülfen und Werkführer heranzubilden, sowie den Industriellen selbst bei Einrichtung von Werkstätten, Anlage von Motoren, Erlangung von Patenten, sowie in allen Fragen technischer Natur beratend zur Seite zu stehen. Von all diesen Vergünstigungen machen die Schwarzwälder den ausgedehntesten Gebrauch, so daß das dieser Anstalt zur Verfügung stehende Personal nicht ausreicht, um allen Anforderungen zu entsprechen. Die Anstalt besorgt vielfach die Vermittlung von auswärtigen Aufträgen an die Meister und hat so Gelegenheit, mit denselben im innigsten Verkehr zu bleiben. Durch Anfragen, welche über die Konstruktion verschiedener Apparate einlaufen, kann jetzt schon einzelnen Meistern lohnender Verdienst zugeführt werden, und es steht zu hoffen, daß, wenn die Anstalt noch einige Jahre segensreichen Wirkens hinter sich hat, sich da und dort in der Kleinindustrie Besserung geltend macht, insbesondere wenn es gelingt, die Schüler, welche präcis nach Zeichnung arbeiten gelernt haben, auf dem Schwarzwald zu halten und sie zur Gründung von Werkstätten mit 4—6 Arbeitern zu veranlassen. Die Zahl der bereits ausgebildeten Zöglinge ist erheblich, die Schule wurde im laufenden Jahre von 31 Schülern besucht und ist der Zudrang so groß, daß nicht in allen Fällen den Forderungen der Anmeldenden Gehör gegeben werden konnte. Daß für unbemittelte Schüler, insbesondere für Söhne der Kleinmeister, Unterstützungen zum Besuch der Schule gewährt werden, ist nach den obigen Ausführungen selbstverständlich. Es wäre nur zu wünschen, daß die Stipendienfonds für den Besuch von Fachschulen, welche im Handwerk soweit ausbilden, daß der aus der Schule Entlassene sich zu selbständiger Arbeit brauchbar zeigt, einen den Verhältnissen entsprechenden Zuwachs erfahren würden.

Die Gewährung der Qualifikation zum Einjährigfreiwilligen — ohne Anrecht auf Vorrücken zum Reserveoffizier — an solche Fachschulabsolventen, welche einen dreijährigen Kursus für tüchtige fachliche Ausbildung durchgemacht haben, dürfte die ohnehin überfüllten Gelehrtenschulen etwas entvölkern und dem Handwerk würden wieder mehr tüchtige Kräfte zugeführt werden.

In zweiter Reihe ist hier als Stätte zur Förderung der Industrie die Schnitzereischule in Furtwangen zu zählen, welche ihre Aufgabe darin sucht, die Holzschnitzerei auf dem Schwarzwalde zu heben, zu fördern und den Gewerbetreibenden mit Rat und Beihülfe in diesem Fache nach Kräften zu unterstützen. Unterrichtsgegenstände sind hier: Freihandzeichnen, Modellieren in Thon und Wachs, Abformen von Modellen und Unterweisung in der Holzschnitzerei. Die Schule hält auch an verschiedenen Orten Wanderkurse ab, um Meister in der Herstellung geschmackvoller Schnitzereien zu üben.

Außer diesen Schulen besteht noch eine Sammlung kunstgewerblicher Mustergegenstände mit Bibliothek, aus welcher jeder Industrielle unentgeltlich Vorbilder und Fachschriften entleihen kann. Für die äußere Ausstattung der Uhr liefert die Filiale der Landesgewerbehalle in Karlsruhe um angemessenen Preis Entwürfe, wie auch die Karlsruher Kunstgewerbeschule die Aufgabe hat, auf dem Gebiete der Geschmacksveredelung dem ganzen Lande und insbesondere auch dem Schwarzwalde helfend zur Seite zu stehen.

Wir sehen aus diesen Ausführungen, daß Gelegenheiten geboten sind, um der Industrie zu helfen und zu nützen; an den Kleinmeistern selbst liegt es nun, diese schönen Gelegenheiten auch zu ergreifen und mit Fleiß und Energie zum eigenen Wohl und demjenigen ihrer Familien dem Ziel — der Erhaltung ihrer freien Existenz — zuzusteuern.

V.

Die Holzschnitzerei des Schwarzwaldes.

Von

Gewerbeschulvorstand **Schott** in Freiburg in Baden.

Der Schwarzwald, dieses herrliche und darum vielbesuchte Rheingebirge, zerfällt hinsichtlich der Bildung seiner Oberfläche, seiner Thäler und seiner Bewaldungen in drei große Gruppen: in den unteren (nördlichen), von Pforzheim bis zur Kinzig, mittleren, von der Kinzig bis zur Dreisam, und oberen (südlichen), von der Dreisam bis zum Rhein. — Der gewaltige Holzreichtum des unteren Schwarzwaldes legte den Bewohnern die Beschäftigung mit der Verwertung der Walderzeugnisse nahe. Die dünne Bevölkerung, welche aber immerhin in den niederen fruchtbaren Thälern ihre Nahrung bauen konnte, hatte keinen Anreiz, über die Grenzen des nahe Liegenden sich zu beschäftigen. So blieben in diesen Gegenden das Holzgewerbe und die Holzflößerei die Hauptbeschäftigungen neben Feldbau und Viehzucht. — Das Schwarzwaldgebiet zwischen Kinzig und Elz ist für die Industrie wenig von Bedeutung, anders dagegen verhält es sich südlich der Elz. Hier beginnt eine Hochebene, von der gegen Westen mehrere Nebenflüsse des Rheins (Elz, Glotter, Dreisam) abstürzen, während sie gegen Osten das Quellengebiet der schönen blauen Donau umschließt. Diese Hochebene zeichnet sich aus durch lange und harte Winter, welche die Bevölkerung zu zwei Dritteln des Jahres an ihre Wohnungen fesselt. Die Bevölkerung konnte dem Boden wenig abgewinnen und mußte sich deshalb schon frühzeitig auf industriellem Gebiete Ersatz schaffen.

Die Hochebenen und Thaleinschnitte um Furtwangen, Triberg, St. Georgen, Vöhrenbach, Eisenbach, Neustadt und Lenzkirch sind die Heimat der Uhrmacherei, der damit in Verbindung stehenden Holzschnitzerei und der Strohflechterei. In dieser Gegend fanden sich auch die ersten Glashütten.

Jetzt ist dieses Gebiet durch zwei Eisenbahnen: die Schwarzwaldbahn und die Höllenthalbahn erschlossen.

Ähnliche Verhältnisse finden wir um den Hauptstock des südlichen Schwarzwaldes, am Feldberg. Hier hat die älteste Industrie des Waldes, welche schon Plinius zu kennen scheint, ihren Sitz: die Holzschneflerei; sie erweiterte sich im Laufe der Zeiten zur Fabrikation von Kübeln, Bütten, Standen, Schachteln und gab die Grundlage für die heute in jener Gegend hochentwickelte Bürstenmacherei.

Doch, kehren wir zum Fabrikationsgebiet der Uhrmacherei und der damit zusammenhängenden Holzschnitzerei zurück, welch letztere ich hier in Kürze skizzieren will. Da die Holzschnitzerei des Schwarzwaldes bis jetzt noch nicht als selbständiges Gewerbe sich auszubilden vermochte, vielmehr immer nur als Nebengewerbe der Uhrmacherei auftrat, so muß ich bei Darlegung ihrer Verhältnisse notgedrungen die Geschichte der Uhrenindustrie erwähnen.

Es muß dem Besucher auffallen, daß die eigentliche Heimat dieser Industrieen diejenigen höheren Waldgegenden sind, wo ein Menschenschlag als vornehmlichste Bevölkerung erscheint, dessen körperliche Beschaffenheit namentlich durch pechschwarze Haare und dunkelbraune Augen von dem mehr blonden Volke der Nachbarschaft charakteristisch absticht.

In seelischer Beziehung zeigt dieser dunkle Menschenschlag ein besonderes sinniges, nach dem einheimischen Ausdrucke „grübelndes" Wesen, eine vorzügliche Gabe für technische Arbeiten und einen besonderen Trieb zum Wandern in fremde Länder, während der blonde Schlag mehr Neigung für das heimische Bauernleben verrät. Manche Kundige wollen in den Leuten jener vom germanischen Geblüte so verschiedenen Leibes- und Seelenbeschaffenheit die Nachkömmlinge von Kelten erkennen, welche seit unvordenklichen Zeiten den Schwarzwald bewohnten, später aber bei der Besetzung des Landes durch die siegreichen Alemannen nach dem Eroberungsgesetze mancipiert oder leibeigen gemacht und in die wilden Gegenden ihrer Schwarzwälder Heimat zurückgedrängt wurden. Hier, im harten Granitbereiche, auf den rauhen unfruchtbaren Höhen, waren dieselben neben ihrer Viehzucht und geringer Feldwirtschaft hauptsächlich auf die Verfertigung verschiedener Holzwaren angewiesen, was glücklicherweise mit ihren Neigungen und Gaben zusammentraf. Hier lebten sie in stiller Abgeschiedenheit, „keines Zieles bewußt, der Dinge Verbindung nicht kundig". Unter allen Bewohnern des Landes ist der Schwarzwälder der letzte, welcher die einfache Kleidung und die Sitten der Väter ablegte. — Die reine Luft, das herrliche Wasser und ihre einfache, nüchterne, genügsame Lebensweise ließen diese eigen gearteten Leute zu einem besonders gesunden, verständigen, stillen und arbeitsamen Völklein heranwachsen.

Das Land ist in sogenannte Hofgüter geteilt, die sich meist von einer Wasserscheide durch das angrenzende Thal bis zur gegenüberliegenden ausdehnen. Das Hofgut bildet ein geschlossenes, unteilbares Ganzes. Nach altem Herkommen geht das Gut auf den jüngsten Sohn über, und da es dieser immer um einen kindlichen Anschlag, d. h. weit unter dem wirklichen Wert erhält, so sieht er sich in Rücksicht seiner Geschwister in nicht geringem Vorteil. Diese mußten in früherer Zeit, da sie keine eigene „Hofstatt" hatten, oft lebenslang dienen oder ehelos bleiben.

Überließ schon der Hofbauer die Bewirtschaftung seiner Güter gerne seinen Dienstboten und beschäftigte sich lieber am Schnittstuhl, so mußte jene Abneigung bei seinen Brüdern um so größer sein, als ihnen die technische Beschäftigung bald ansehnlichen Verdienst eintrug.

In diesen Umständen muß unter Berücksichtigung der eingangs erwähnten Eigenschaften der Wälder die Hauptursache erkannt werden, warum sich schon frühzeitig auf dem Schwarzwalde verschiedene Industrieen einbürgerten und immer größere Ausbildung fanden. Das älteste Gewerbe ist, wie bereits erwähnt, das der Schnefler. Es ist wohl anzunehmen, daß dasselbe über den ganzen Schwarzwald verbreitet war. Arme Schnefler waren es auch, welche die Patriarchen der Uhrmacherei wurden, und diese wiederum gab bei der alsbald eintretenden Teilung der Arbeit Veranlassung zu mehreren Nebenindustrieen: der Gestellmacherei, der Holzschilddreherei und der Gehäusfabrikation mit der Holzschnitzerei. Die ersten Uhren ließen das Uhrwerk sichtbar. Die Räder, anfänglich aus Buchenholz geschnitten, später aus Metall gefertigt, wurden in ein Gestell aus Buchenholz eingefügt.

Die Gestellmacherei bildete bald einen selbständigen Industriezweig. Der Gestellmacher benützte häufig eine Wasserkraft und konnte so unter Zuhülfenahme weniger einfacher Maschinen und Werkzeuge den Bedarf vieler Uhrmacher decken. Von einer größeren Ausdehnung dieses Gewerbes bezw. von einer größeren Beteiligung an demselben konnte somit niemals die Rede sein.

Heute sind die Holzgestelle der Schwarzwälder Uhren fast ganz durch Messingplatinen verdrängt; nur bei einzelnen Uhrensorten finden sie noch Anwendung. Die Zahl der Gestellmacher ist deshalb eine sehr geringe.

Die erste Zuthat, welche die Schwarzwälder Uhr erhielt, war der Holzschild mit dem Zifferblatt. Ein weiteres Teilgewerbe, das der Schilddreherei, fand dadurch seine Begründung.

Der Schilddreher benutzt gleichfalls meist eine der vielen Wasserkräfte, um seine Brettchen aus dem reinsten, astlosen Tannenholz zu schneiden und abzudrehen. Der bemalte und lackierte Holzschild hat der Schwarzwälder Uhr ihr eigentümliches charakteristisches Gepräge verliehen und sie über die ganze Welt begleitet. Heute ist diese ehrwürdige, einst so beliebte Ausstattung auf den Aussterbeetat gesetzt, und die Schilddreherei wird nur noch als Nebenarbeit in der Schreinerei betrieben.

Der Schwarzwälder „Bäschler" konnte seine Uhr nicht lange ohne weiteren äußeren Schmuck lassen. Schon zu Anfang des vorigen Jahrhunderts fertigte Matthias Faller in Neukirch Uhrenschilde aus Lindenholz und bearbeitete sie mit dem Kunstmeisel. Doch wurde diese Kunst immer nur von einzelnen besonders befähigten Wäldern geübt. Erst unserem Jahrhundert war es vorbehalten, die eigentliche Gehäusefabrikation in Aufnahme zu bringen, und selbst hierzu bedurfte es noch besonderer Anregungen.

Die Uhr wurde im Laufe der Jahre nicht mehr bloß als nützliches und notwendiges Zeitmeßinstrument betrachtet, in noch höherem Grade fand sie ihre Verwendung als Zimmerschmuck; man baute ihr ein besonderes Gehäuse und verzierte dieses auf die mannigfachste Art. Der zäh am Alten festhaltende Schwarzwälder und besonders der tonangebende „Packer", welcher die einzelnen Uhrenbestandteile (Uhrwerke, Ketten, Schilde rc. rc.) aufkaufte, zusammensetzte und in die weite Welt versandte, folgte dieser neuen Anforderung nur sehr ungerne, weil sie erhöhte Sorgfalt im Versand und größeres Risiko bedingte.

Hatte zu Anfang unseres Jahrhunderts, namentlich nach Eintritt der Friedensjahre, die Schwarzwälder Uhrmacherei glänzende Zeiten gefeiert, so kam sie jetzt durch das Festhalten an veralteten Formen immer mehr in Rückgang. Um diesem Einhalt zu thun, gründete die Großherzogliche Regierung im Jahre 1850 zu Furtwangen, dem Centralort der Schwarzwälder Uhrmacherei, eine Uhrmacherschule. Aufgabe dieser Anstalt war es, junge Leute zu tüchtigen Arbeitern heranzubilden und zu zeitgemäßem Fortschreiten zu veranlassen. Die Uhrmacherschule sollte aber auch weiter auf eine geschmackvollere Ausstattung der Uhren hinwirken und demgemäß die Gehäusfabrikation und damit auch die Holzschnitzerei den erhöhten Anforderungen entsprechend beleben und fördern. Die günstigen Einwirkungen dieser Anstalt zeigten sich bald. Nicht nur wurden seit dieser Zeit feinere und bessere Uhren gefertigt, auch die Arbeitsteilung bildete sich weiter aus, zweckmäßigere Maschinen und Werkzeuge fanden Eingang, neue Uhrensorten wurden erfunden, insbesondere aber erhielt seitdem die Uhr eine den Anforderungen eines guten Kunstgeschmackes mehr entsprechende äußere Ausstattung. Man hatte erkannt, daß jeder schöne Schild, jedes gefällige Gehäuse eine Uhr verkaufbar machte. Eine Reihe von Künstlern und Fachmännern wurde zum Entwerfen von Mustern veranlaßt. Ein Entwurf des ehemaligen Baurats Eisenlohr, das „Bahnhäusle", wurde von epochemachender Wirkung. In der mannigfachsten Ausführung mit gesägter und geschnitzter Arbeit erwarb es sich Liebhaber und verschaffte sich Eingang. Das waren glückliche Zeiten, da man für einen Uhrenkasten 10—15 fl. bezahlt erhielt und der Nachfrage kaum genügen konnte. Allerdings darf man hierbei nicht vergessen, daß die technische Einrichtung des Gehäusmachers damals noch eine mangelhafte war, so daß die Erstellung eines Uhrgehäuses verhältnismäßig viel Zeit in Anspruch nahm. Aber bei der angeborenen Genügsamkeit des Wälders war dieser Verdienst doch ein sehr bedeutender. Auch die Ansprüche der Arbeiter waren damals wesentlich anders als heute. Erzählte mir doch damals ein Arbeiter mit freudestrahlendem Gesichte, daß er von seinem neuen Meister außer freier Station pro Woche 8 Batzen (92 Pfennige) erhielt. — Das waren noch patriarchalische Zustände, wie sie heute nicht mehr existieren.

Die geschnitzten Schilde und ebenso die geschnitzten Gehäuse fanden jetzt immer mehr Eingang. Dem erhöhten Bedürfnis konnten die einheimischen Meister und Arbeiter nicht mehr genügen; Vieles mußte von auswärts bezogen werden. In diese Zeit fällt auch die Aufnahme der Regulateurfabrikation. Unter Regulateur versteht man ein Uhrwerk mit ruhender Ankerhemmung und langem Pendel. Da das Gehäuse das Uhrwerk mit samt dem langen Pendel umschließen muß, so erhält es eine von der gewöhnlichen Uhrkastenform abweichende längliche Gestalt. Die Fabrikation dieser Gehäuse bedingte eine verfeinerte, technische Einrichtung der Werkstätte und fand deshalb nur langsam im Schwarzwald Eingang. Anfänglich wurde das Regulateurgehäuse fast ausschließlich poliert hergestellt; erst in neuester Zeit wird es mehr mit geschnitzten Zuthaten versehen. — Leider erachtete man schon nach 12jährigem Bestand der Uhrmacherschule die Aufgabe derselben als gelöst; die Anstalt wurde 1862 aufgehoben. Es war dieser Schritt verhängnisvoll für die gesamte Uhrmacherei. Insbesondere fehlte der Gehäusfabrikation und hier in erster Reihe der Holzschnitzerei die belebende Anregung, vor allem aber die künstlerische

Unterweisung; sie verfiel immer mehr und mehr in einen rohen Naturalismus. „Billig und schlecht" wurde jetzt die Parole.

In Hornberg, Triberg, Furtwangen, Vöhrenbach und Waldkirch bildeten sich einige größere Betriebe zur Massenfabrikation aus und suchten auf diesem Wege den Markt zu halten. Das Übel wurde dadurch nur vermehrt.. Der nicht bloß in Deutschland sondern auch anderwärts wieder erwachte Kunstgeschmack verschmähte solche Erzeugnisse; die Preise wurden gedrückt, der Absatz geschmälert. Nur in den ordinären Uhrensorten war noch ein Geschäft zu machen. Vergeblich suchte unsere Regierung diesem Rückgang durch Ausschreibungen zu Musterentwürfen und durch Unterstützung von Lokalausstellungen Einhalt zu gebieten.

Die Ergebnisse der Wiener Weltausstellung (1873) ließen keinen Zweifel darüber, daß die Uhrmacherei ihrem sichern Ruin entgegensteure, wenn nicht alsbald durch Heranbildung tüchtiger Uhrmacher und kunstgewerblicher Holzschnitzler Abhülfe geschaffen werde. Entscheidend war in dieser Beziehung auch das Urteil, welches Professor Reuleaux, der im Auftrag unserer Regierung die Industrieorte des Schwarzwaldes besuchte, über den Stand der Uhrmacherei und Gehäusefabrikation abgab. —

Im Jahre 1877 wurde in Furtwangen die Uhrmacherschule neu errichtet und gleichzeitig eine Schnitzereischule gegründet. Schon die Nachricht von dieser fürsorglichen Entschließung unserer Regierung wirkte wie ein erfrischender, belebender Hauch auf alle Glieder der Uhrmacherei. Hatte man in Regierungskreisen den Glauben an die Möglichkeit einer gedeihlichen Fortexistenz der Uhrmacherei nicht aufgegeben, so konnte dies bei dem auf seine Industrie stolzen Schwarzwälder noch weniger der Fall sein. In allen Zweigen wurde mit neuer Kraft eingesetzt — nur die Holzschnitzerei vermochte sich nicht aufzuraffen und zu einer den veränderten Verhältnissen entsprechenden Produktion zu erheben. —

Sie verlangte eben mehr als eine gute technische Einrichtung, mehr als Fleiß und persönliche Fertigkeit; sie forderte vor allem künstlerisches Verständnis, einen geläuterten Geschmack und künstlerisches Schaffen. Zu einem solchen Aufschwung war der alte, zähe Schwarzwälder, der abseits der großen Heeresstraße der Menschen wohnte und der in fleißigem, andauerndem Arbeiten das alleinige Hülfsmittel gegen den Verfall suchte, nicht mehr geeigenschaftet; er mußte rettungslos untergehen. Für seinen Ersatz sorgte die neugegründete Schnitzereischule. —

Als Leiter dieser Anstalt wurde Herr J. Koch berufen, der — ein gelernter Holzschnitzler — in München seine künstlerische Ausbildung erworben hatte. Dieser begabte Künstler verstand es insbesondere, seine Schüler dem Grade ihrer Befähigung entsprechend zu behandeln, ihnen persönlich nahezutreten, was beim Schwarzwälder von größter Wichtigkeit ist; das künstlerische Verständnis und damit Lust und Liebe an der Holzschnitzerei zu wecken; vor allem aber brachte er ihnen seinen „Schnitt" bei. Die anfangs nur zögernd beitretenden Schwarzwälder legten unter solchen Verhältnissen bald jeden Argwohn ab; die Frequenz der Schule ist jetzt eine sehr geregelte geworden.

Die Zahl der Schüler, welche die Schnitzereischule während deren nahezu 12jährigem Bestehen durchlaufen haben bezw. noch dort verweilen, ist etwa 160. Viele derselben sind im Schwarzwalde geblieben und verwerten jetzt ihre Kenntnisse und Fertigkeiten zum Segen des Schwarzwaldes; aber nicht wie ehedem als selbständige Meister in der Hausindustrie, sondern als kunstgewerbliche Gehülfen in größeren Uhrenfabriken.

Die dem geläuterten Kunstgeschmack entsprechende Umbildung der Gehäusfabrikation nahm die Architektur zur Grundlage; die Schreinerarbeit wurde vorherrschend, während die Schnitzerei nur noch als dekoratives Glied auftritt. — Die rationelle Herstellung der Schreinerarbeit bedingt aber die Zuhülfenahme geeigneter Motoren und insbesondere zweckmäßiger Maschinen und Werkzeuge. Dieser Ausdehnung der technischen Einrichtung war der Schwarzwälder Schnitzler ebensowenig gewachsen, wie den künstlerischen Anforderungen. Die größeren Betriebe in Lenzkirch, Neustadt und Furtwangen mußten deshalb, um dem Bedarf zu genügen, die Gehäusfabrikation selbst in die Hand nehmen, und der in der Schnitzereischule ausgebildete Holzschnitzler fand bei ihnen gute Aufnahme. Ein mittelmäßiger Arbeiter verdient heute 2 Mark 70 Pfg. bis 3 Mark; ein guter Arbeiter 3—5 Mark pro Tag. An Arbeit ist seit mehreren Jahren kein Mangel. —

So sehen wir also die eigenartige Thatsache, daß teils durch den in immer weitere Kreise dringenden Kunstgeschmack, teils durch die fürsorglichen Maßnahmen unserer Regierung eine wenn auch in engen Grenzen betriebene Hausindustrie als solche verschwand, um sich in anderer Form, als Teilarbeit in größeren Uhrenfabriken, wieder aufzuthun oder sich auf einzelne Fabrikbetriebe zu konzentrieren.

Hat die Schwarzwaldindustrie dadurch Schaden genommen? Nein, sie hat vielmehr nur Nutzen daraus gezogen und der Aufschwung, den die Uhrmacherei gewonnen, verdankt sie in erster Reihe der künstlerischen Ausbildung ihrer Gehäusfabrikation, an dem die Holzschnitzerei wiederum den hervorragendsten Anteil nimmt.

Die Ausstellungen in St. Georgen (1884), Freiburg (1887) und München (1888) zeigten Erfolge, welche der Schwarzwälder Holzschnitzerei einen Ehrenplatz unter den deutschen Kunstindustrieen sicherten.

Ist deshalb die Hoffnung auf die Wiedererstehung der Holzschnitzerei als Hausindustrie aufzugeben?

Keineswegs. Zwei Dinge sind es, die mich in dieser Hoffnung bestärken. Zunächst wird die eigentliche, vom Hauche der Kunst durchwehte Holzschnitzerei in fabrikmäßigen Betrieben, welche die Massenfabrikation kultivieren, niemals ihre wahre Heimstätte finden. Der künstlerisch gebildete Schnitzler muß sich deshalb mit Naturnotwendigkeit wieder zu emancipieren suchen, und er wird dann sein schönstes Arbeitsfeld finden in der Hausindustrie, welche dem Schwarzwälder ohnehin am besten zusagt. —

Ferner ist die Mehrzahl der aus der Schnitzereischule hervorgegangenen Schnitzler hinausgezogen ins „Land". Manchen warmen Schwarzwälderfreund wollte diese Thatsache erschrecken, und sie legte ihm die Frage nahe, ob die gebrachten Opfer in richtigem Verhältnis stehen zur Zahl derjenigen Schnitzler, die im Schwarzwalde verblieben sind.

Wer den ächten Wälder versteht, weiß, daß dieser kein höheres Ideal kennt, als hinauszuziehen in die weite Welt, fremde Länder und Städte zu sehen, seinen Blick zu erweitern und Geld zu verdienen. Dieser Zug zum Wandern ist dem Schwarzwälder angeboren, und wir treffen kaum einen, der nicht draußen sein Glück versucht hätte. Ebensosehr beseelt ihn aber auch die Liebe zu den heimatlichen Bergen, und diese läßt ihn nach jahrelangem Wandern stets wieder den Weg finden zur schönen, trauten Heimat. Erlebten wir nicht den gleichen Vorgang bei der ersten Uhrmacherschule? Sind nicht alle, die damals auszogen und für die heimische Industrie für verloren galten, wiedergekehrt und heute in der Uhrmacherei thätig?

Wer wollte demnach behaupten, daß es mit den Schnitzlern anders gehen werde? Ich und viele mit mir haben die feste Überzeugung, daß die Mehrzahl von denen, die heute in München, Stuttgart, Straßburg, Berlin, Hamburg, in der Schweiz, in England und Amerika als Schnitzler arbeiten, früher oder später die Heimat aufsuchen wird. Diese Schnitzler werden dann aber nicht in der Fabrik-, sondern nur in der freien Hausindustrie ihre volle Befriedigung finden. Anzeichen zu dieser Wiedererstehung sind bereits vorhanden. Freilich wird dann die Schwarzwälder Schnitzerei nicht mehr ausschließlich Dienerin der Uhrmacherei bleiben dürfen; sie muß vielmehr ihren Produktionskreis erweitern und sich wenigstens teilweise zur selbständigen Industrie emporzuarbeiten suchen. Der von Jahr zu Jahr sich steigernde Besuch des Schwarzwaldes und die Leichtigkeit der Verkehrsmittel verbürgen den Absatz. Unsere edle Großherzogin hat bereits den Weg zu dieser Erweiterung angedeutet. Die hohe Frau lernte in Schweden die dort einheimische Kerbschnitttechnik kennen. Ihr landesmütterlicher, praktischer Sinn erkannte sofort die große Bedeutung dieser Technik für die Schnitzerei unseres Schwarzwaldes. Es wurde eine schwedische Lehrerin berufen, welche mehrere Monate in Furtwangen Unterricht in dieser Schnitzart ertheilte. Die Freiburger Ausstellung (1887) zeigte die ersten, hocherfreulichen Resultate dieser fast ausschließlich von Mädchen betriebenen Kunst.

Wohl nur bei wenigen Kunstindustrieen ist volles künstlerisches Verständnis so notwendig, als gerade bei der anscheinend so einfachen Kerbschnitttechnik. Im Grunde genommen sind es ja nur wenige Motive und Manipulationen, die hierbei Anwendung finden; aber gerade deshalb kann nur durch richtige Anordnung und Verteilung in Verbindung mit einer äußerst genauen Ausführung ein wohlthuender Eindruck erzielt werden. Da ist es denn sehr wertvoll, daß der bewährte Leiter der Schnitzereischule, Herr Professor Koch, die neue Technik thatkräftig weiter zu führen sucht. Seiner Bemühung ist es in erster Reihe zu danken, daß mustergiltige Entwürfe auf lithographischem Wege Vervielfältigung finden und so eine raschere, größere und billigere Produktion eingeleitet wird. In wenigen Tagen wird von ihm ein Musterbuch erscheinen: Der Kerbschnitt. Dasselbe enthält 36 Vorlegeblätter nebst erläuterndem Texte und umfaßt: 1) Stufengang in der Kerbschnitttechnik; 2) Entwürfe zu verschiedenen Gegenständen für den Hausgebrauch; 3) Handhabung der Werkzeuge und Abbildung derselben; 4) Anleitung zur Erlernung der Kerbschnitttechnik. Es verdient erwähnt zu werden, daß zur Anfertigung der Kerbschnittwaren einige wenige Werkzeuge genügen und daß die Kunst rasch erlernt werden kann. Bereits werden Photographierähmchen, Handspiegel, Brotteller ꝛc. in Kerbschnitt ausgeführt. In neuester Zeit hat man auf Anregung des Herrn Geheimen Referendärs von Stösser in Karlsruhe den Erfolg versprechenden Versuch gemacht, diese Technik auch für die Bürstenhölzer der Todtnauer Bürstenfabrikation zu verwenden. — Stehen auch noch viele Besucher des Schwarzwaldes den Kerbschnittwaren kühl gegenüber, diese werden sich Bahn brechen wie alles Gute und Schöne.

In ähnlicher Weise müssen die Schwarzwälder Holzschnitzler andere Gebiete für sich zu erobern suchen. Da sind es z. B. die vielerlei Nippgegenstände, wie sie jetzt in allen unseren Bädern und Sommerfrischen, ja selbst in den Industrieorten des Schwarzwaldes feilgeboten und abgesetzt werden. Die Erzeuger sind aber nicht etwa die Schnitzler des Schwarzwaldes, sondern die des Berner Oberlandes. — Die in vielen Teilen unseres Landes schwunghaft betriebene Möbelfabrikation bietet weitere Gelegenheit zu Arbeit und Verdienst. Der Schwarzwälder Holzschnitzler ist seither nur zu viel gewohnt gewesen, lediglich für die Uhrgehäusfabrikation zu arbeiten; will er sich sicheren und höheren Verdienst ermöglichen, so muß er seine Produktionsgebiete zu vermehren suchen. Der Anfang ist gemacht; darum: Glückauf und vorwärts. —

VI.

Mitteilungen über Hausindustrie im Handelskammerbezirk Darmstadt.

Von

C. W. Möser,

Großherzoglich Hessischem Fabrikinspektor.

I. Hasenhaarschneiderei aus Hasenfellabfällen als Hausindustrie in Kelsterbach, Rüsselsheim, Ober-Roden, Nieder-Roden und Urberach.

In Frankfurt a. M., Offenbach a. M., Rüsselsheim a. M., Kelsterbach a. M., Neu-Isenburg im Kreise Offenbach und Ober-Roden im Kreise Dinburg bestehen größerere Hasenhaarschneidereien als Fabrikbetriebe. Dieselben liefern das Material für die Herstellung der Filze in Hutfabriken. Bei den Vorbereitungsarbeiten an den Hasenfellen für das darauf folgende Abschneiden der Haare von denselben entstehen Fellabfälle. Bei diesen Fellabfällen ist das Abtrennen der Haare von der Haut mittelst Maschinen unthunlich. Von den Fellen selbst werden die Haare für die Filz- und Hutfabriken schon seit längerer Zeit mittelst Haarschneidemaschinen abgetrennt, das Abschneiden der Haare von Fellabfällen geschieht jedoch mittelst Handscheren und wird von den Hasenhaarschneidereibesitzern an Hausarbeiterinnen vergeben. Hausarbeiterinnen aus Kelsterbach, Rüsselsheim, Ober-Roden, Nieder-Roden, Urberach, Neu-Isenburg, Heusenstamm und Offenbach kommen in die Hasenhaarschneidereien und empfangen dort eine Quantität Hasenfellabfälle, um in ihren Wohnungen vermittelst geeigneter Scheren, welche ihnen in der Fabrik geliefert werden, das Haar von der Haut der Abfälle zu trennen. In Rüsselsheim werden auch Pelzabfälle aus Kürschnereien von dem Verwalter der Hasenhaarschneiderei an Hausarbeiterinnen zum Abschneiden der Haare vergeben.

In den Fabriken ist gewöhnlich ein besonderes Lokal für den Verkehr der Besitzer oder Werkführer mit den Hausarbeiterinnen vorhanden. Die Abfälle werden von den Arbeiterinnen darin in Empfang genommen und später die geschnittenen Haare und die übrigbleibenden Hautschnitzel für sich getrennt dahin abgeliefert und auf einer Wage gewogen. Der Verdienst richtet sich nach dem Gewicht geschnittener Haare und der Fellabfallsorte. Die Abfälle sind verschiedener Art, und es sind manche Sorten mühsamer zu schneiden als andere. In Rüsselsheim sind im Winter etwa 60 Hausarbeiterinnen, meist Frauen, mit Abfallschneiden beschäftigt, im Sommer wegen der Feldarbeit weit weniger. Kinder werden mitunter als Beihülfe benutzt. Für das Pfund geschnittener Haare werden 80—90 Pfennige Arbeitslohn bezahlt, und es kann eine Hausarbeiterin 50 Pfennige per Tag verdienen. Der höchste Wochenverdienst beträgt daher 3 Mark. Die Abfallschneiderei ist eine Nebenbeschäftigung von Frauen neben der Sorge für den Haushalt und die Kinder. In Kelsterbach sind etwa 20 Hausarbeiterinnen damit beschäftigt. — Die Arbeit des Schneidens der Haare von Hasenfellabfällen ist in gesundheitlicher Beziehung nicht unbedenklich. Bevor die Abfälle zum Schneiden vergeben werden, werden dieselben mit einer Beize von Salpetersäure und Quecksilber gebeizt, und es übt der bei der Arbeit sich entwickelnde Staub jedenfalls einen ungünstigen Einfluß auf die Gesundheit der Arbeiterinnen aus. Arbeiter in den Fabriken, welche mit dem Beizen der Felle oder auch nur mit dem Sortieren der gebeizten Felle beschäftigt sind, zeigen in nicht wenigen Fällen Symptome der Quecksilbervergiftung.

Infolge hoher Preise der Hasenfelle im Anfang des Jahres 1887, ungünstiger Zollverhältnisse für den Export nach Amerika und Überhandnahme des Verbrauchs von Wollstoffhüten anstatt der Filzhüte befand sich die für die Filzhutfabrikation arbeitende Hasenhaarschneiderei in sehr ungünstiger Geschäftslage. Die Arbeitszeit in den Fabriken wurde reduziert, die Accordarbeiter und Accordarbeiterinnen erhielten geringere Arbeitsportionen und hatten daher Zeit, auch Abfälle, welche gewöhnlich in Hausindustrie vergeben werden, selbst zu schneiden. Die ungünstige Lage der Hasenhaarschneiderei im Jahr 1887 übte daher auch bereits auf die Hausindustrie einen ungünstigen Einfluß aus. Wenn auch die Preise für Rohfelle seitdem gesunken sind und wohl noch weiter sinken werden und die amerikanischen Zollverhältnisse wieder günstiger werden, wozu Aussicht vorhanden ist, so wird doch die vermehrte Fabrikation in Wollstoffhüten dauernd ungünstig auf die vorhandene Quantität der Arbeit und den Verdienst der Hasenfellabfälle-Schneiderinnen wirken.

Außer den weiblichen Hausarbeitern für das Schneiden der Haare von Fellabfällen sind in Kelsterbach noch 10—12 männliche Hausarbeiter in der eigentlichen Hasenhaarschneiderei für ein Geschäftshaus in Frankfurt a. M. beschäftigt. Ein Beauftragter des Geschäftshauses bezieht die Rohfelle, verteilt dieselben an die Hausarbeiter und nimmt die fertige Ware in Empfang, um sie dem Unternehmer zu übermitteln. Das Schneiden der Hasenhaare geschieht seitens der Hausarbeiter durch Handarbeit im Gegensatz zu den großen Hasenhaarschneidereien, wo nur die Vorbereitungsarbeiten Handarbeit sind und das eigentliche Schneiden auf Schneidemaschinen geschieht. Die männlichen Hausarbeiter in Kelsterbach beizen auch die zur Bearbeitung empfangnen Hasenfelle, jedoch nicht in ihren Wohnungen oder Werkstätten bei den Wohnungen, sondern in einer ihnen gemeinschaftlich gehörenden und von ihnen angekauften Beizerwerkstätte mit den zugehörigen Trockenkammern und Öfen. In dieser Werkstätte besorgt ein Kollege das Beizen der Felle für die Hausarbeiter. Wenn auch beim Schneiden der Hasenfelle auf Schneidemaschinen die Arbeit viel rascher von statten geht, als bei der Handarbeit vermittelst der Hasenhaarschneider-Schere, so bietet doch die Handarbeit gewisse Vorteile in der sorgfältigeren und ausgiebigeren Ausnutzung des Rohmaterials, so daß das Ergebnis ein nicht allzu ungünstiges für die Hausarbeiter ist.

II. Die Handkäsefabrikation in Groß-Gerau und Umgegend[1].

Die Herstellung von Handkäsen war unzweifelhaft in früheren Jahren lediglich eine Beschäftigung der bäuerlichen Hausfrauen, welche die überflüssige Milch aus der Viehzucht auf die nutzbringendste Weise zu verwerten und ein schmackhaftes Beibrot zu beschaffen bestrebt waren. Auch heute noch werden wenig Bauernhäuser in der Gegend von Groß-Gerau zu finden sein, in welchen nicht wenigstens der eigene Bedarf hergestellt wird. Die Produktion über den eigenen Bedarf wird verkauft.

In Groß-Gerau und den umliegenden Orten ist in den jüngsten Jahren die Handkäseerzeugung zu einer ausgedehnten, lohnenden Hausindustrie geworden, welche dazu beiträgt, die ohnedies verhältnismäßig wohlhabende Bevölkerung der Gegend noch wohlhabender zu machen. Die

[1] Der Herausgeber kann nicht umhin zu bemerken, daß seiner Ansicht nach die oben beschriebene Handkäsefabrikation eine Hausindustrie nicht ist. Es fehlt das wesentliche Merkmal des durch Verleger, Fabrikanten oder andere Mittelspersonen vermittelten Absatzes. Die Aufnahme ist nur durch ein Versehen erfolgt.

Käsefabrikanten beschäftigen außer Knecht und Magd keine fremden Arbeiter. Die ganze Industrie wird nur durch die Familienmitglieder betrieben, daher ein bedeutenderer Nutzen als bei der Verwendung von fremden Arbeitskräften erzielt.

In Groß-Gerau, einer Kreisstadt im Großherzogtum Hessen mit 3344 Einwohnern bestehen 20 Käsefabriken, von denen jede im Durchschnitt wöchentlich 25 Ctr. Käsematten zu Käse verarbeitet. Es werden also 500 Ctr. Käsematten verarbeitet, und da aus 1 Ctr. Matte ca. 500 Handkäse fabriziert werden, so ergeben sich 500 × 500 = 250 000 Käse per Woche oder 13 Millionen Käse per Jahr. Der Durchschnittspreis ist 3,50 Mark per hundert Stück. Es werden daher jährlich für 455 000 Mark oder beinahe 1/2 Million Mark erzeugt. Auf die 20 Fabriken zu gleichen Teilen verteilt, ergiebt sich für die einzelne eine Produktion im Werte von 22 750 Mark. Die Kosten der Herstellung setzen sich zusammen aus

Käsematten per Ctr. 10 Mark	13 000 Mark
Salz und Zuthaten	400 Mark
Zusammen:	13 400 Mark.

Rechnet man zu den Ausgaben einen Verlust von 3 Prozent des Wertes = 682 Mark, so verbleibt ein Gewinn von 8667 Mark. Der größte Teil der Ware wird gegen Barzahlung verkauft oder unter Nachnahme versandt, nur ein kleiner Teil wird auf Ziel verkauft. Der Verlust bei letzterer Art des Verkaufes zusammen mit dem Wert verdorbener Ware dürfte die berechneten 3 Prozent des Wertes, welche in Verlust zu setzen sind, betragen.

In Nauheim (1156 Seelen) bestehen 14 Handkäsefabriken, auch in Trebur, Wallerstädten, Dornheim, Königstädten und Worfelden werden Handkäse fabriziert. Diese Fabriken erzeugen mindestens ebensoviel als die Groß-Gerauer Fabriken, und es ergiebt sich daher eine Gesamtproduktion von mindestens 26 Millionen Käse, wofür 910 000 Mark eingenommen werden. Der Gewinn berechnet sich auf rund 346 680 Mark per Jahr.

Das Rohmaterial für die Käsefabrikation, die Käsematten, liefern die Orte und Gehöfte des Rieds, zum größten Teile aber Rheinhessen. Die Fabrikanten holen zum großen Teil die Matten selbst in eignem Fuhrwerk ab. Ein verhältnismäßig kleiner Teil der Fabrikanten bezieht das Rohmaterial per Eisenbahn.

Als Absatzgebiet kann man ganz Deutschland betrachten, ja selbst nach England, Frankreich und andern Ländern werden Käse versandt. Im Deutschen Reiche sind besonders Bayern und die Rheinlande gute Abnehmer, während Württemberg weniger bezieht. Jeder Fabrikant hat sein bestimmtes Absatzgebiet und erhält, ohne Offerten zu machen, seine Aufträge, welche im Sommer in Eilgut, im Winter in Frachtgut erledigt werden. Die naheliegenden Städte, Mainz, Darmstadt, Frankfurt a. M. und Offenbach, werden von den Fabrikanten besucht und an den Markttagen daselbst ansehnliche Quantitäten der Ware abgesetzt. Weit über Deutschland hinaus sind die Handkäse unter dem Namen Mainzer Käse bekannt und ihres guten Geschmacks halber beliebt.

III. Die Zündholzschachtelmacherei in Klein-Zimmern.

In Klein-Zimmern (im Großherzogtum Hessen, Kreis Dieburg), einem Ort von 612 Einwohnern, wird die Anfertigung von Holzschachteln für Phosphorzündhölzer mit Reibflächen am Boden und Deckel als Hausindustrie betrieben. Die Schachtelmacherei besteht daselbst seit 1845. Einige Jahre vorher hatte ein intelligenter Einwohner, der Seifensieder Bernhard Gillerich, die Herstellung von Zündhölzern begonnen. Die ursprüngliche Verpackung der Zündhölzer in Pappschachteln erschien ihm als zu kostspielig, und er verband sich mit seinem Schwager Heinrich Seibert zum Zweck der Herstellung von Holzschachteln, ein Geschäft, welches sich für beide als lohnend erwies. Die Werkzeuge und Geräte, welche zur Herstellung der Zündholzschachteln in der jetzt in Klein-Zimmern üblichen Weise nicht entbehrt werden können, sind: Handbeil, Handsäge, Trumsäge, Schnitzmesser, Schneidbank oder Messer, ein Fügbock mit gutem Messer, Durchschläge und Stanzen, eisenblecherne und hölzerne Klammern, Holzstangen, Horden, eine Schnitzbank, Pinsel und Aushauknüppel.

Die Schachteln wurden anfangs direkt an die Zündhölzerfabrikanten abgesetzt, später teilweise an Zündhölzerfabrikanten direkt, teilweise an Mittelspersonen. Auch jetzt noch findet der Absatz sowohl an Zündhölzerfabriken als auch an Zwischenhändler statt. Vor etwa 13 Jahren haben auch Landwirte die Schachtelmacherei als Nebenbeschäftigung ausgeübt und ihre wirtschaftliche Lage damit gehoben. Die heutigen Schachtelmacher sind keine Landwirte, sie betreiben mit Ausnahme von zweien, welche auch Krämer sind, die Schachtelmacherei als alleinige Erwerbsquelle.

Im ganzen sind 26 Familien mit 48 erwachsenen männlichen und 62 erwachsenen weiblichen Arbeitern, welche von zahlreichen schulpflichtigen Kindern beiderlei Geschlechts unterstützt werden, in der Schachtelmacherei thätig.

Der durchschnittliche Tagesverdienst eines Arbeiters ist gegenwärtig nur 80 Pfg. bis 1 Mark, derjenige einer Arbeiterin 50 bis 80 Pfg. Es werden in Klein-Zimmern täglich ungefähr 36 500 große Zündhölzerschachteln (welche 400 oder 200 Zündhölzer aufnehmen können) und 56 000 kleine Schachteln (für 100 Zündhölzer), zusammen 92 500 Zündhölzerschachteln angefertigt. Für das Tausend große Schachteln werden durchschnittlich 3,20 Mark, für das Tausend kleine Schachteln 1,30 bis 1,35 Mark bezahlt.

Bis zum Jahre 1873 war die Schachtelmacherei ein lohnendes Geschäft, eine Ausnahme bildete das Kriegsjahr 1866. Von 1873 an wurde der Verdienst geringer und ist heute ein sehr bescheidener. Das schlechteste Geschäftsjahr war 1875.

Die Schachtelmacher erachten die Einmischung von Mittelspersonen zur Vermittelung des Absatzes als schädlich für das Geschäft im allgemeinen. Die Vermittler veranlassen ganz unbemittelte Personen, indem sie ihnen die nötigen Werkzeuge und Geräte beschaffen, zur Schachtelmacherei und zur Lieferung der Schachteln zu sehr niedrigen Preisen, welche wieder drückend auf die Preise der Schachteln im allgemeinen wirken.

Wie jede andere Industrie, so ist auch die Zündhölzerschachtelfabrikation den Schwankungen des Marktes unterworfen, und es sind die Schachteln zuweilen ein gesuchter, zuweilen ein wenig begehrter Artikel. Von großem Einfluß auf den Verdienst der Schachtelmacher sind die jeweiligen Holzpreise. Das geeignete Holz liefern Staatswaldungen, aber die Schachtelmacher klagen darüber, daß die Art und Weise, wie von einigen Großherzoglich Hessischen Oberförstereien der Gegend das Holz zum Absatz gebracht werde, die zur Schachtelmacherei nötige Holzsorte in hohem Maße verteure, ohne daß dadurch die Einnahmen des Staates aus Holz im allgemeinen erhöht würden.

Darmstadt, Dezbr. 1887.

VII.

Die Hausindustrie im Handelskammerbezirk Offenbach a. M.

Von

Handelskammersekretär **Schloßmacher** in Offenbach.

Die außerordentlich mannigfaltigen Industrieen, welche im Handelskammerbezirk Offenbach vorkommen und die in ihren Anfängen auf die von zu Ende des 17. Jahrhunderts zugewanderten Hugenotten eingeführten markt- und meßgängigen Gewerbe zurückzuführen sind, bieten für die Hausindustrie, während zwischen 12000—15000 Personen jährlich in den Gewerbebetrieben Beschäftigung finden, verhältnismäßig wenig Raum. Es kommt dies hauptsächlich daher, daß die ursprünglich in der Hauptsache allein vorherrschenden Textilgewerbe sich im großen und ganzen bis auf die Posamentierwarenbranche von hier fortgezogen haben.

Die Posamentierwarenbranche, welche hierselbst im wesentlichen Putz- und Modeartikel herstellt, umfaßt 11 Fabriken bezw. Geschäfte, welche sämtlich eine Reihe von Artikeln, insofern zur Herstellung derselben Maschinen erforderlich sind, in ihrem eigenen Betriebe fabrizieren, die aber zum Teil daneben mit der Herstellung anderer Sachen in der Hausindustrie zahlreiche weibliche Arbeiter in der näheren und ferneren Umgegend, ja sogar bis weit in den Odenwald, in die Rhön und den Spessart hinein, mit Handarbeit beschäftigen. Es ist nicht leicht, die Zahl dieser hausindustriellen Arbeiterinnen genau anzugeben, da die mehr oder minder starke Beschäftigung gerade der Hausindustrie in der Posamentierwarenbranche sehr von den Launen der Mode abhängig ist. Als die sogenannten Perlensachen (Besatz- und Putzartikel aus Perlen, welche auf Tüllstoffe gehäkelt bezw. gestickt werden) vor etwa 10 Jahren in Aufschwung kamen, haben mehrere hiesige Industrielle hierfür in den genannten Gebirgsgegenden die Hausindustrie eigens organisiert, indem sie an verschiedenen Centralstellen Faktoren bestellten, welche die Arbeit, d. h. die Muster und die dazu gehörigen Rohstoffe (Tüll, Perlen, Garne, auch wohl Nadeln und Stickereigestell), zu vergeben, die fertigen Waren abzunehmen und zu bezahlen haben. In lebhafter Geschäftszeit dürften auf diese Weise gleichzeitig schon weit über 1000 Mädchen und Frauen von der hiesigen Industrie beschäftigt worden sein. Diese Hausarbeiterinnen stehen in der Regel gleichzeitig einem Haushalt vor und arbeiten nach Bedarf selbstverständlich auch in der Landwirtschaft. Wenn eine solche Arbeiterin es zu einer gewissen Geschicklichkeit gebracht hat, so kann sie bei beständiger Arbeit einen Lohn von 8—10 Mark die Woche erreichen. In der Posamentierwarenbranche werden außerdem auch noch Arbeiterinnen mit der Herstellung anderer Artikel, namentlich Ponpons, in der Hausindustrie beschäftigt. Diese Arbeit unterliegt weniger dem Einflusse der Mode; sie wird in der Regel in der näheren Umgegend von Arbeiterinnen betrieben, welche in der betreffenden Fabrik gelernt haben und denen es aus irgend einem Grunde (Heirat, Rücksicht auf den elterlichen Haushalt u. s. w.) erwünscht erscheint, zu Hause arbeiten zu dürfen. Auf diese Weise dürften ständig über 100 Arbeiterinnen Beschäftigung finden und ein paar Mark die Woche nebenbei verdienen; bei beständiger Thätigkeit kann indes auch hier ein Einkommen von 8—10 Mark die Woche erzielt werden. Im Zusammenhange möge hier noch erwähnt werden, daß auch die hiesige Schirmfabrik eine Anzahl Arbeitskräfte, und zwar meistens gleichfalls Frauen und Mädchen, in der Hausindustrie mit Beziehen der Schirmgestelle u. s. w. beschäftigt und denselben damit eine ähnliche Einkommenquelle, wie vorhin geschildert, eröffnet.

Mit diesem Zweige der Hausindustrie in unserem Bezirke ist die hausindustrielle Beschäftigung der Stepperinnen für die hiesigen 8 Schuh- und Schäftefabriken am nächsten verwandt. Diese Arbeiterinnen erhalten die Schäfte vorgearbeitet geliefert, an welchen sie auf ihrer eigenen Nähmaschine und unter Stellung aller Zuthaten (Garn, Seide) die Steppereien zu machen haben. Diese hausindustriellen Arbeiterinnen sind in der Fabrik für ihren Beruf, welcher große Übung erfordert, ausgebildet worden. Außerdem beschäftigt die Schuhwarenfabrikation noch eine Anzahl Arbeiterinnen mit sogenannter „Handarbeit“, welche darin besteht, daß an der fertigen Ware mit der Nadel hie und da nach Bedürfnis nachgeholfen wird. Für diese Thätigkeit ist eine besondere Vorbildung nicht erforderlich; sie kann von jeder Arbeiterin geleistet werden, welche mit der Nadel umzugehen versteht. Sowohl diese Art der hausindustriellen Beschäftigung wie auch die Stepperei sind in Bezug auf ihren Umfang insofern starken

Schwankungen unterworfen, als bei knapper Nachfrage zunächst die ständigen, in der Fabrik selbst eingestellten Arbeiterinnen beschäftigt werden und nur, insoweit diese den Andrang der Arbeit nicht bewältigen können, ein Teil der letzteren an Arbeiterinnen außer dem Hause abgegeben wird. Beide Arten der hausindustriellen Beschäftigung arbeiten auf Stück; die Arbeiterinnen müssen sich ihr Material in der Regel täglich in der Fabrik holen bezw. holen lassen und die fertigen Waren abliefern. Bei beständiger Arbeit können „Stepperinnen" 12—15 Mark und „Handarbeiterinnen" 7—8 Mark die Woche verdienen; doch dürften diese Sätze gleichfalls nur äußerst selten erreicht werden, weil einerseits durch Arbeiten im Haushalt und in der Landwirtschaft u. s. w., anderseits aber auch durch die Abholung bezw. Ablieferung und das sehr häufige Warten auf Arbeit viel Zeit verloren geht.

In der Schuhwarenbranche werden außerdem eine Anzahl Arbeitskräfte, und zwar meistens männliche Arbeiter, mit Ausputzen und Zwicken beschäftigt. Die Zwicker erhalten die Sohlen und Schäfte geliefert und haben dieselben vermittelst Eisenstifte aneinander zu befestigen. Die Stifte erhalten sie vom Fabrikanten geliefert und zwar wegen der Kontrolle unter Anrechnung; auch müssen sie den Kleister selbst dazuthun, während die erforderlichen Leisten von der Fabrik gestellt werden. Fleißige Zwicker können, wenn sie, was meistens der Fall ist, ohne Gehülfen arbeiten, 20—25 Mark die Woche verdienen; doch dürfte dieser Lohnsatz ebenfalls aus verschiedenen Gründen, unter welchen das sogenannte „Blaumachen" u. dergl. keine geringe Rolle spielt, nur selten erreicht werden. Die Ausputzer erhalten vom Fabrikanten den fertigen Stiefel gestellt, an welchem sie nun die Sohlen und Rahmen derselben glatt zu machen, letztere auch zu schwärzen, überhaupt den letzten Schliff anzubringen haben. Dieselben arbeiten vielfach mit Gehülfen und lassen sich meistens, zum wenigsten insofern sie verheiratet sind, von ihren Frauen helfen, welche die Brandsohlen einlegen u. s. w. Sie müssen sich, wie die Zwicker, ihr Handwerkszeug selbst halten, auch die Zuthaten (Wachs, Schwärze) selbst stellen. Den Leisten bekommen sie von der Fabrik geliefert. Ein tüchtiger Ausputzer kann, selbst wenn er ohne Gehülfen arbeitet, einen Lohnsatz von über 30 Mark die Woche erreichen. In diesen beiden Zweigen der Hausindustrie ist ebenfalls selbstverständlicherweise Stückarbeit allgemein üblich. Die Arbeiter, deren bei gewöhnlichem Geschäftsgang in beiden Zweigen reichlich 100—120 von der hiesigen Industrie beschäftigt werden dürften, sind meistens verheiratet und, namentlich was die Ausputzer anbelangt, in der Regel ganz gut situierte Leute; dieselben haben, insbesondere soweit sie auf dem Lande leben, meist ihr eigenes Häuschen mit Garten und etwas Landwirtschaft, welche sie nebenbei betreiben.

Das Hauptkontingent der hausindustriellen Arbeiter unseres Bezirkes wird von der hierselbst mit einigen 60 Geschäften, darunter eine ganze Anzahl mehr oder minder großer Fabriken, vertretenen Lederwarenindustrie beschäftigt. Die Hausindustrie in dieser Branche kommt in mehreren Formen vor, da es hierselbst und in der Umgegend nach dem Gewerbesteuertarif nicht nur „Portefeuillearbeiter“ sondern auch „Portefeuillearbeiter mit Gehülfen“ giebt. Ein wesentlicher Unterschied zwischen beiden ist indes nicht vorhanden, er besteht einfach darin, daß erstere genau so als Fabrikarbeiter der sie beschäftigenden Firma, wie die eigentlichen Fabrikarbeiter in der Fabrik, zu Hause arbeiten, während die Portefeuillearbeiter mit Gehülfen nur insofern als Kleinmeister aufgefaßt werden können, als sie sich ausgelernte Hülfskräfte und Lehrlinge halten, deren Arbeit für sie mit nutzbar wird. Diese Kleinmeister unterscheiden sich wesentlich von einer dritten Art Hausindustrie, welche indes eigentlich zu dieser kaum zu rechnen ist; es sind dies in gewissem Sinne Kleinfabrikanten, welche zwar in ähnlicher Weise wie die genannten Kleinmeister arbeiten, die indes ihre eigenen Muster haben, nach welchen sie unter Stellung aller Rohwaren und Zuthaten selbständig Portefeuillearbeit, meistens Specialitäten eigener Erfindung, zum Verkauf an Engrosgeschäfte und wohl auch an Fabriken, sowie auch auf Bestellung von solchen herstellen. Die eigentlichen Hausarbeiter in dieser Branche, die Portefeuillearbeiter mit und ohne Gehülfen, erhalten die Muster und die zugeschnittene Arbeit von der sie beschäftigenden Firma gestellt, die sie nun im Stücklohn fertig machen. Wenn sie mit Gehülfen arbeiten, so lohnen sie diese selbst aus. Die Zuthaten, Leim und Kleister, müssen sie selbst stellen, auch Papier und einzelne nicht auf das Leder bezogene Futterstoffe; doch erhalten sie für letztere beide Zuthaten den anteiligen Kostenpreis zurückvergütet. Die hausindustriellen Arbeiter der Lederwarenindustrie werden hauptsächlich mit der Herstellung geringerer Ware, zum Teil auch in der Fabrikation von Mittelware beschäftigt. Dem Berichterstatter ist ein solcher Hausindustrieller bekannt, welcher allerdings schon ein besseres Stück Arbeit liefert; derselbe arbeitet mit zwei Gehülfen und einem Lehrling, läßt sich auch, soweit angängig, von seiner Frau helfen und bringt es bei flottem Geschäftsgange häufig auf 80 bis 100 Mark die Woche. Ein anderer in geringerer Ware arbeitender Hausindustrieller, welcher sich zwei Lehrlinge hält, bringt es auf 30—40 Mark die Woche. Es ist dabei indes zu berücksichtigen, daß der flotte Geschäftsgang, welcher die gesamte Portefeuilleindustrie von früh morgens bis spät in die Nacht hinein und auch an Sonntagen angestrengt anspannt, sich auf nur einige Monate im Frühling und im Herbst (für die Reise- und Weihnachtssaison) beschränkt. Einen großen Teil des Jahres haben diese Hausindustriellen somit wenig und sogar oft gar nichts zu thun. Da dieselben indes meistens auf dem Lande wohnen, welchem die hiesigen Industrieen überhaupt auch die meisten ständigen Arbeitskräfte verdanken, so finden sie in eigener und wohl auch in fremder Landwirtschaft Gelegenheit zu lohnender Nebenarbeit. Die Portefeuilleindustrie Offenbachs und Frankfurts, an welch letzterem Platze vorzugsweise die Hausindustrie beschäftigenden Engrosgeschäfte vertreten sind, während in Offenbach die Fabrikarbeit vorherrscht, dürfte, die selbständigen Arbeiter, die Gehülfen und Lehrlinge in der Umgegend beider Städte und in beiden Städten selbst zusammengerechnet, reichlich 1500—1800 Personen in der Hausindustrie beschäftigen. Es verdient noch erwähnt zu werden, daß die Hausindustrie für die Lederwarenbranche auch insofern von großer Wichtigkeit ist, als sie, allerdings im Verein mit den obenerwähnten Kleinfabrikanten, für den Arbeiternachwuchs in diesem Erwerbszweige sorgt; die Fabrikanten nehmen nämlich in der Regel keine Lehrlinge an, gestatten allerdings einzelnen Arbeitern in der Fabrik, sich für eigene Kosten und Verantwortlichkeit einen Lehrling zu halten.

Um das entworfene Bild noch zu vervollständigen, sei kurz bemerkt, daß auch die hier durch zwei Häuser vertretene Militäreffektenfabrikation bei der vor kurzem stattgehabten starken Nachfrage infolge eines Strikes der Fabrikarbeiter teilweise zur Hausindustrie übergegangen ist, indem sie Sattler auf dem Lande unter Stellung der Muster und der zugeschnittenen Arbeit mit dem Fertigmachen von Patronentaschen u. s. w. beschäftigte. Es wäre auch noch der circa 300—400 ländliche Hausarbeiter beschäftigenden Cigarrenindustrie zu gedenken, doch ist diese Art Hausindustrie in anderen Gebieten des Großherzogtums Hessen bei weitem stärker vertreten, und wird dieselbe deshalb wohl von anderer Seite eingehende Schilderung erfahren.

Im vorstehenden glaube ich im allgemeinem eine die hauptsächlichste Hausindustrie des hiesigen Bezirkes umfassende Schilderung entworfen zu haben, ohne indes Anspruch darauf zu erheben, in dieser Beziehung erschöpfend gewesen zu sein. Den besonderen Mitteilungen einige allgemeine Bemerkungen hinzufügend, spreche ich zunächst meine Ansicht dahin aus, daß die in unserem Bezirke hauptsächlich vorkommende Hausindustrie ihren Arbeitskräften im allgemeinen eine befriedigende Lebenshaltung ermöglicht. Für den Verkehr der Hausindustriellen auf dem Lande mit dem hiesigen Industrieplatz ist bislang nur ungenügend gesorgt; demnächst wird indes in dieser Hinsicht durch den Bau einer in den Odenwald führenden Nebenbahn erfreulicherweise Abhülfe geschaffen werden. Für die Hausindustriellen in hiesiger Stadt, insoweit denselben an dem Erwerb und Besitz eines eigenen Häuschens und Gärtchens etwas liegt, bietet die um das Wohl der Arbeiter Offenbachs überhaupt wohlverdiente „Gemeinnützige Baugesellschaft" hierselbst, deren Bemühungen im wesentlichen auch die Errichtung eines Volksbades mit auch im Winter benutzbarem Schwimmbassin zu verdanken ist, günstige Gelegenheit.

Was nun die weitere Frage anbelangt, ob die Hausindustrie im Niedergang begriffen oder noch ein weiteres Wachstum derselben in Aussicht zu nehmen ist, so bin ich der Meinung, daß, abgesehen von der wie geschildert in ihrem Umfang durch die Laune der Mode beherrschten Posamentierwarenbranche, eher eine Vermehrung als eine Verminderung der Hausindustrie zu erwarten steht. Es ist ja richtig, daß manche Industriellen die Hausindustrieen wegen der Schwierigkeit in der Kontrolle und der Unsicherheit in der Ablieferung durchaus nicht lieben und nur aus Notbehelf zu derselben greifen. Auf der andern Seite sprechen aber auch gewichtige Gründe zu Gunsten der Vergebung von Arbeiten an Hausindustrielle. Abgesehen davon, daß man diesen keinen Fabrikraum, auch kein Licht und keine Heizung zur Verfügung zu halten hat, bedingt der unregelmäßige Geschäftsgang in den in Frage kommenden Erwerbszweigen, und insbesondere in der Lederwarenindustrie, mehrfach im Jahre Mehreinstellung von Arbeitern, welcher spätere Verminderung derselben entspricht. So erfreulich nun auch erstere Maßnahme sein mag, ebenso unangenehm ist die letztere Maßnahme; diese Unannehmlichkeit macht sich aber im Verkehr mit den Hausindustriellen als nicht zum Betriebe gehörigen Arbeitern weniger empfindlich fühlbar.

Dazu kommt aber noch, daß die Lasten, welche die Socialreform den Fabrikanten für die in ihrem Betriebe beschäftigten Arbeiter auferlegt, bei der Beschäftigung von Hausindustriellen größtenteils in Wegfall kommen. Dieser Gegensatz zwischen der Beschäftigung von Hausindustriellen und der von Fabrikarbeitern wird sich mit den noch auf eine Reihe von Jahren hinaus steigenden Kosten der Unfallversicherung und durch die möglicherweise noch hinzukommende einseitige Alters- und Invalidenversicherung der Fabrikarbeiter immer mehr verschärfen und, wenn eine Gleichstellung in dieser Beziehung durch die Gesetzgebung nicht herbeigeführt wird, zweifellos zu einem Wachstum der Hausindustrie einen starken Antrieb bilden.

Pierer'sche Hofbuchdruckerei. Stephan Geibel & Co. in Altenburg.

FSC
www.fsc.org
MIX
Papier | Fördert
gute Waldnutzung
FSC® C083411

Kolibri 360 GmbH
Ferdinand-Jühlke-Straße 7
99095 Erfurt, Deutschland
produktsicherheit@kolibri360.de

Druck:
CPI Druckdienstleistungen GmbH
im Auftrag der
Kolibri 360 GmbH
Ferdinand-Jühlke-Str. 7
99095 Erfurt